# MOLIÈRE

## LES MÉTAMORPHOSES
## DU CARNAVAL

Thérèse MALACHY

# MOLIÈRE

# LES MÉTAMORPHOSES
# DU CARNAVAL

A.-G. NIZET
PARIS

321101

X900738633

*A mes enfants
Dafna et Benzy*

# PRÉFACE

Il fallait cette franchise, cette impavidité pour oser aborder ainsi de front le grand Molière, tant de fois, et si récemment, et si bien, sollicité. Quand il s'agit encore d'éclairer chez lui un point obscur ou litigieux, de proposer une nouvelle interprétation pour une réplique ou un personnage, d'apporter telle rarissime précision biographique, de conduire une étude dramaturgique un peu rigoureuse, le critique moliéresque n'a pas de peine à se frayer son chemin, mais nous surprend-il vraiment ? Thérèse Malachy a le bonheur de nous instruire et de nous surprendre à la fois. Elle n'hésite pas à choisir au monde foisonnant de Molière un centre et de montrer tranquillement comment tout s'ordonne autour de lui.

Au départ plusieurs textes distincts sur les grandes comédies de Molière. On aurait tort de soupçonner leur regroupement de quelque artifice. Ils ont été d'abord, dans leur venue, soigneusement et suffisamment remaniés et ajustés à leur nouvelle visée. Mais surtout ils partaient au départ d'une conception tellement une et ferme du théâtre de Molière qu'ils ont plutôt l'air de trouver dans ce livre la place qui les attendait, noués qu'ils sont par la vigoureuse et substantielle introduction qui lance la notion de « modèle carnavalesque ».

*Remise en honneur par Bakhtine, cette notion
déborde largement l'emploi qu'il en a fait pour
Rabelais : on ne s'en est jusqu'ici que trop timi-
dement avisé. Mais toutes les mises en scène du fou
à l'époque romantique et, plus près de nous, celle
des nombreux bouffons d'un Michel de Ghelderode,
relèvent manifestement de pareille approche. Pour
le Grand Siècle, bien sûr, on regarde aussitôt du
côté du baroque, mais pourquoi mettre au départ
Molière à l'écart du jeu sous prétexte de classicisme, de grandeur ou d'originalité ? Lorsque Lanson moquait dans* Ruy Blas *un scénario de Précieuses ridicules, n'était-ce pas faute de ces lunet-
tes de carnaval que nous hésitons encore à chaus-
ser trop longtemps ? Les déguisements de Mascarille et de Toinette, tout comme ceux d'Ignès dans*
Dom Garcie de Navarre *et de Carlos dans le* Don
Sanche d'Aragon *de Corneille sont les mêmes indi-
ces très apparents qui signalent l'existence d'un
autre continent en marche : celui du carnaval,
dont Molière a pris soin lui-même d'inscrire le
nom dans la dernière réplique de Béralde intro-
duisant la cérémonie finale du* Malade imaginaire,
*— et que Thérèse Malachy jalonne enfin de repè-
res précis.*

*Au fil des pages qui suivent, le carnaval va
révéler sa remarquable fécondité, touchant de sa
grâce tonique les aspects les plus variés de l'art de
Molière. Qu'il s'agisse de structures comme celle
du* Bourgeois gentilhomme *par exemple, de personnages comme Arsinoé ou Béline trop souvent con-
sidérés comme secondaires aussi bien que de héros
de premier plan comme Dom Juan, du rapport*

*avec le public ou avec la morale, des fameux*
*dénouements de Molière, ou du mode de présence*
*de la mort dans l'univers comique, sur tous ces*
*points le carnaval nous vaut des aperçus vifs et*
*cohérents qui ont tous cette particularité de met-*
*tre Molière en mouvement. A quoi il ne saurait y*
*avoir d'autre raison que le théâtre et cet amour*
*du théâtre qui guide Thérèse Malachy et qu'on sent*
*à l'œuvre derrière la moindre de ses lignes.*
*Comprendra-t-on enfin que parler de « carnaval »*
*signifie avant tout aimer le théâtre et, grâce à un*
*nom différent, le comprendre et l'aimer*
*davantage ?*

Michel AUTRAND

# AVANT-PROPOS

La présente étude fait le point d'une longue réflexion sur le comique moliéresque. Elle n'a pas pour autant la prétention de livrer une lecture définitive du théâtre de Molière. Son ambition est de montrer, d'une part, qu'il n'y a pas de lecture définitive de cette œuvre dynamique dont le sens est en devenir permanent. De dégager, d'autre part, les constantes qui en préservent l'originalité et en assurent l'intégrité.

Je me suis dès lors attachée aux articulations du discours théâtral moliéresque pour en éclairer la richesse et les ambiguïtés ; pour en souligner l'universalité.

Je me suis bornée à l'analyse attentive de cinq pièces parmi les plus grandes mais, quoique tentée, je n'ai pas abordé *Tartuffe* que je me propose de reprendre plus tard, dans une étude séparée qui ne ressort pas du comique. Du modèle bakhtinien auquel je soumets l'examen du théâtre de Molière, il serait impensable d'exclure son premier chef-d'œuvre carnavalesque : *Les Précieuses Ridicules*. La pièce commence par l'intronisation des valets par leurs maîtres et s'achève par le découronnement et la mise à nu des bouffons, comme l'a montré R. Brandwajn[1]. Il faudrait également y inclure les farces telles que *Le Médecin volant* et *La jalou-*

*sie du Barbouillé* qui, par leur parenté plus grande avec le théâtre médiéval, s'inscrivent naturellement dans le cycle carnavalesque.

Plutôt qu'un livre que précède d'ordinaire une conception d'ensemble, cette étude est composée d'articles autonomes rédigés séparément et sans idée préconçue pour l'entité de l'œuvre. C'est en me rendant compte qu'ils aboutissaient à une vision cohérente du théâtre de Molière que j'ai décidé de les grouper sous un titre collectif. L'ordre des chapitres, de ce fait, n'a d'autre raison que le respect de la chronologie des créations des pièces analysées.

Pour illustrer la conception carnavalesque des comédies de Molière et pour en montrer, autant que se peut, le caractère spectaculaire, j'ai jugé utile d'ajouter quelques photos d'une de mes mises en scène des *Précieuses Ridicules*.

Je n'ai pas voulu faire mieux que ceux qui m'ont précédée dans l'interprétation des textes de Molière. Bien au contraire : les spécialistes que j'ai consultés m'ont apporté une aide considérable. Je dois beaucoup aux études d'A. Adam, de J. Schérer, de R. Bray, de W.G. Moore, de J. Guicharnaud, de M. Gutwirth, de Ch. Mauron, de R. Garapon, de P. Bénichou et j'en passe. Je n'oublie aucun de ceux qui m'ont guidée et auxquels je me réfère constamment. Je dois encore beaucoup à l'amitié et aux encouragements d'H. Gouhier, et je reconnais la part du Prof. R. Brandwajn, dont l'érudition et l'enseignement m'ont fait découvrir un Molière inédit.

Il serait injuste de passer sous silence le choc salutaire des mises en scène de R. Planchon, d'A. Vitez et d'autres hommes de théâtre contemporain. En défiant la tradition, ils ont rendu hommage à la jeunesse des textes de Molière.

*Jérusalem, Juillet 1986*

1. Voir note 7 de l'Introduction.

# INTRODUCTION*

* Une partie de ce texte a paru dans *H.S.L.A.*, 13-3-1986.

Poser le problème d'une œuvre théâtrale détachée de son contexte historique et socio-culturel, c'est suivre l'aventure d'un texte dramatique livré aux traitements esthétiques, philosophiques et idéologiques des metteurs en scène et des critiques dans d'autres conditions socio-culturelles et historiques. Ce sont précisément ces traitements, quels qu'ils soient, qui font du texte ce qu'il était destiné à devenir : un spectacle[1] ; mais en même temps, du fait de leur variabilité, ils modifient souvent la lecture du texte. Une œuvre dramatique est donc d'essence fluctuante puisqu'elle dépend d'une multiplicité de points de vue subjectifs et qu'elle est en dernier ressort véhiculée par l'acteur qui lui impose sa spécificité. Cela signifie-t-il qu'un texte écrit pour être joué aura l'infinité de sens que lui prêtera le spectacle ? Ou bien y a-t-il une limite au-delà de laquelle une interprétation sera légitimement reconnue pour fausse ? Jusqu'où, dès lors, peut-on aller trop loin pour servir notre connaissance de l'œuvre mais sans en trahir l'identité ? Jusqu'à quel point peut-on manipuler un texte sans en altérer le sens profond ?

Si on parcourt l'histoire des comédies de Molière, écrites il y a plus de trois cents ans, représentées et commentées depuis lors dans des pers-

pectives toujours renouvelées, on est tenté de se
demander si la recherche d'une vérité de l'œuvre
n'est pas une entreprise vaine². Dans le 1ᵉʳ placet
du *Tartuffe,* Molière soutient que le but de son
art est de « corriger en divertissant ». Sincère ou
non, cette proposition est au moins en partie cor-
roborée par ce que nous savons de sa mise en scène
et du jeu de l'acteur : Molière voulait faire rire, et
n'hésitait pas à grossir les effets grotesques des
situations et des personnages. Quant à l'intention
du moralisateur, la fin du siècle renchérit encore
sur le caractère « réformateur des travers et des
ridicules de la vie mondaine » (P. Bayle) de son
théâtre. On lui prête plus de force dans la persua-
sion qu'aux prédicateurs… En revanche, au dix-
huitième siècle, Fénelon estime que Molière « a
donné un tour gracieux au vice » (105). Les juge-
ments portant sur les éléments plus précis de son
théâtre ne sont pas plus unanimes d'un siècle à
l'autre. Dans « une lettre écrite sur la comédie du
Misanthrope », Jean Donneau de Visé écrit à propos de Philinte : « L'ami du Misanthrope est si raisonnable que tout le monde devrait l'imiter : il
n'est ni trop peu ni trop critique ; […] Sa conduite
doit être approuvée par tout le monde ». Au siècle
suivant, J.-J. Rousseau plaide pour Alceste, et s'en
prend à l'ami Philinte : « un de ces honnêtes gens
du grand monde dont les maximes ressemblent
beaucoup à celles des fripons » (154). Ce nouveau
portrait du *Misanthrope* n'a pas seulement fait fortune, il a été le point de départ d'un glissement graduel de la comédie moliéresque vers un genre dramatique sérieux, au point que, durant un moment,

Molière aura été réquisitionné par la Révolution. La tendance à décaper les pièces de Molière de la coloration comique s'affirmera avec le Romantisme. D'après Stendhal, témoin de son temps, on ne rit presque plus à Molière. *Dom Juan* devient un drame où se mêlent tragique et comique ; *George Dandin* fait presque pleurer, et pour Châteaubriand, Molière atteint « la gravité tragique » (52). La réputation du Molière moraliste, en revanche, résiste aux révolutions culturelles. Un spécialiste de Molière, Émile Faguet, écrit encore en 1910 : « au fond, Molière n'a que de l'affection pour ses bourgeois [...] et c'est par affection pour eux qu'il les berne ou qu'il les montre bernés par les méchants. Ce qu'il veut, c'est les avertir, c'est les instruire... » (158-159). Il faudra attendre Paul Bénichou, dans *Les morales du grand siècle* (256-363) pour contester les vertus bourgeoises du théâtre de Molière que l'auteur voit davantage complice du public aristocratique qui le nourrit, et qui tourne les bourgeois en dérision. La représentation scénique des pièces de Molière suit et parfois précède la courbe des interprétations critiques. Longtemps axées sur une donnée comique, les mises en scène soulignent au dix-huitième siècle le côté sérieux des comédies et finissent par s'assombrir graduellement à l'époque romantique. A la fin du dix-neuvième siècle, avec la révolution de la mise en scène du *Théâtre Libre* d'Antoine, toute la conception touchant l'interprétation du théâtre de Molière est remise en question et penche résolument vers le naturalisme. (Voir à ce propos le livre de J. Arnavon sur l'interprétation des pièces de Molière). Copeau s'opposera à cette tendance qui, selon lui, trahit le classicisme de Molière, et à son tour, préconisera une mise en scène dépouillée à l'extrême. Le même phénomène de relecture se manifeste au niveau du discours dramatique et des personnages : passé par tous les avatars, depuis le moine sale et flagorneur et jusqu'au séducteur jeune et fougueux, Tartuffe devient grâce à Louis Jouvet, qui l'interprète en 1950, un être intelligent et secret. Sous les traits de Roger Planchon (en 1974), qui veut rendre à Molière sa réalité sociale avec la dimension romanesque, Tartuffe prend l'allure d'un oiseau de proie à la rage de la possession. Et Antoine Vitez fera de Tartuffe un jeune homme presque émouvant qui, à l'instar de l'interprétation qu'en donne J. Guicharnaud[3], est déchiré entre sa volonté et son instinct et le désir hégelien de captation de l'être. Dom Juan subit des métamorphoses semblables : est-il anticlérical, libertin, anarchiste, individualiste ou détrôneur de l'autorité, comme le pense Camus (104) ?

Tour à tour farcesque, moralisatrice, romantique, symboliste, naturaliste et réaliste, superficielle et profonde, l'œuvre de Molière est passée par toutes les définitions et toutes les représentations. René Bray avait beau rappeler en 1954 que Molière était avant tout comique, que « le monde comique est le monde du plaisir » et que par conséquent « ne peut comporter ni moralité ni immoralité », chaque époque, par le biais de l'érudition, de la critique, de la mise en scène et du jeu, façonnait un Molière à sa mesure et à ses besoins. Antoine Adam a étudié ce miroir déformant de l'interprétation : « Chaque siècle a donné de cette œuvre géniale une interprétation qui s'accommodait au goût du temps et mettait l'accent sur ses aspects au point de défigurer les intentions de l'écrivain et de fausser le sens de son effet. Le XVIIIᵉ siècle a imaginé un Molière soucieux avant tout de bienséance, de délicatesse, de distinction, un Molière qui finissait par ne plus faire rire. Les gens du XIXᵉ s'appliquèrent à retrouver dans ses comédies le reflet des enseignements de Boileau [...] Ils répandirent sur ses pièces la louange et le blâme selon que ce grand homme s'était oui ou non conformé d'avance à la moralité bourgeoise et aux doctrines de l'Université. Notre temps tout préoccupé de métaphysique, voudrait dégager du théâtre de Molière une sorte de comique à l'état pur, la plus vaine et la plus chimérique des idoles. Il est important de remonter jusqu'à l'œuvre même, pour en dégager la signification authentique » (403). Et que fait Adam sinon de retomber à son tour dans le piège qu'il avait repéré chez ses devanciers avec tant de clairvoyance. Il prête à Molière la « vérité » du moraliste dont « la peinture satirique vise les individus mais pour corriger les mœurs ». Pour Adam, Molière dénonce les « Faux monnayeurs », mais contrairement aux défenseurs du « juste milieu », du « bon sens », il dénie la primauté aux « Raisonneurs ». Molière, selon lui, fait la guerre au mensonge (403). De cette évaluation panoramique, il apparaît clairement que, tout en reconnaissant la relativité du jugement d'autrui, chaque exégète croit détenir l'unique vérité. Faut-il conclure qu'il n'y a pas de vérité inhérente à l'œuvre théâtrale émanant de la volonté de son créateur ? Quantités d'exemples semblent le prouver. L'*Antigone* de Jean Anouilh, au moment de sa création en 1944, dans Paris occupé par les Allemands, avait été reçue et acclamée comme un message de la Résistance. Un peu plus tard, la guerre finie, les spectateurs y ont vu une apologie de la Collaboration. Un phénomène analogue s'était produit avec *Les mains sales* de J.P. Sartre. En 1948, la pièce avait été condamnée par les communistes. Quinze ans plus tard, à Turin, les communistes italiens s'y sont reconnus et ont applaudi l'auteur. Sartre s'en explique dans une interview avec un journaliste. « Ce qui arrive entre le public et l'auteur le jour de la « générale » et les jours suivants, crée une certaine réalité objective de la pièce que, très souvent, l'auteur n'avait ni prévue ni voulue (251). La « réalité objective » d'une œuvre, autrement dit le sens même du texte, relèverait donc de sa « réception » par autrui. Serge Doubrovski explicite le phénomène par l'idée qu'un auteur ne peut pas être simultanément sujet et objet, et sa vision de l'œuvre ne sera ni plus ni moins valable que celle de tout autre *lecteur*. « Lorsqu'il cesse de coïncider avec l'acte de création — pour considérer l'objet créé — sa perspective n'est plus qu'une perspective comme les autres ». (*Doubrovski*, 11). Autant pour Molière l'auteur. Il reste, dit Doubrovski, qu'« une œuvre a une cohérence, une consistance indépendante de sa genèse et que la critique doit se donner pour fin de découvrir, un sens intime qu'il faut interroger lui-même ». « Le sens est immanent à la chose » (15,

16), ajoute-t-il, en citant M. Dufresne. Et quoique la démarche de Doubrovski s'applique dans son livre à Corneille, elle me paraît aussi valable pour Molière.

Il faut dès lors rechercher cette réalité indissociable de l'œuvre même, sans pour autant rejeter d'emblée une multiplicité d'éclairages. A condition, bien entendu, que ces éclairages ne déforment pas l'objet qu'ils réfléchissent. Eugène Ionesco entendait-il autre chose lorsqu'il disait qu'une pièce de théâtre est un « corps doué de vie » ? Cette vie réagira, et par conséquent s'interprétera de façons diverses en fonction de l'univers dans lequel elle s'affirme. Ainsi par exemple, un personnage du théâtre de Molière qui se distingue de son groupe, sera considéré, dans le milieu socio-historique du dix-septième siècle, comme un aliéné mettant en danger l'édifice de la cohésion sociale. L'altérité est encore trop suspecte et l'opinion publique donnera raison à Ariste de *L'École des maris* qui soutient que « Toujours au plus grand nombre on doit s'accommoder » (I, 1). Philinte dans *Le Misanthrope* ne préconisera pas autre chose : il énonce l'impératif de l'« honnête homme ».

Dans le contexte romantique, en revanche, l'aliéné d'autrefois a des chances d'incarner l'idéal recherché, l'individu face à la meute. Cependant, dans les deux cas, il s'agira du même personnage vu de deux perspectives différentes, variable dans son unicité. Il est l'un *et* l'autre, plutôt que l'un *ou* l'autre. « Il existe, dit Doubrovski, une multiplicité de points de vue tous légitimes sur un même objet » (22). Cette polyvalence est le propre d'une

œuvre magistrale qui est une « existence, c'est-à-
dire une essence en devenir ». Toutes les époques
et tous les publics s'y reconnaissent car elle est à
la fois historique et transhistorique. C'est pourquoi
il n'y a pas de critique définitive puisque « les outils
de la pensée », « ses instruments intellectuels »
varient (23). A cet égard, le regard socio-
économique de Bénichou sur le siècle de Louis XIV
enrichit notre connaissance de Molière dans un
contexte négligé jusque-là. En même temps, tous
les points de vue n'éclairent, alternativement,
qu'un des côtés de l'œuvre, ne la comprennent que
dans une perspective fragmentaire. Pour appré-
hender l'œuvre tout entière, il faut, dit Doubrovski, trouver « l'unité dans la disparité [...] une
totalité signifiante s'ordonnant autour d'une ligne
de force » (23). Dès lors, seule « objective » sera la
critique qui tentera de coïncider avec l'épaisseur,
la profondeur totales de son objet. Toute évaluation ou représentation qui abordera cette critique
objective se doit de retrouver les structures récurrentes dans la totalité de l'œuvre. Cela même qui
fait le caractère unique de son discours.

　　Au-delà des lectures savantes et esthétiques du
théâtre de Molière, un fait au moins semble empor-
ter l'adhésion générale : l'auteur a écrit des comédies, et dans le cadre de ces comédies s'agitent des
personnages, qu'on les appelle fantoches mécani-
ques ou êtres sensibles. Toute interprétation objective de l'œuvre de Molière devra dès lors commen-
cer par prendre cette particularité en considération. Or la réalité comique repose sur des règles à

peine transformées depuis trois cents ans. N. Frye
en fait cas dans son *Anatomie de la critique* : « Les
personnages types et les principes structurels de
la comédie dramatique d'où procède presque en
totalité le vaste domaine de l'invention comique,
ont gardé au cours des siècles, une stabilité remarquable. B. Shaw constatait qu'un dramaturge
comique pouvait acquérir une réputation d'originalité en empruntant ses méthodes à
Molière... » (199). En premier lieu, le monde comique est un monde à l'envers dans lequel souvent,
et chez Molière en particulier, s'affrontent les
générations. Situation rigoureusement universelle
dira-t-on, aussi bien dans la tragédie que dans la
comédie. Avec cette distinction que dans le paradigme comique, le blondin a toujours raison contre le barbon, le jeune contre le vieux (même si
celui-ci était le père) ; ceux qui triomphent ont la
jeunesse, l'amour, l'immortalité, et la sympathie
du public leur est acquise. Le « happy end » de
rigueur consacre un mythe que N. Frye appelle « le
mythe du printemps ». Ce mythe coïncide avec « les
normes de la société du héros... qui évoquent un
âge d'or antérieur à celui où se situe l'action prin-
cipale de la pièce. Régnait en ce temps un ordre
stable et harmonieux qui fut détruit par l'effet de
la folie, de l'oubli, de l'obsession par « les préjugés
de l'orgueil », par des événements que les personnages eux-mêmes ne peuvent comprendre, et cet
ordre en fin de compte sera rétabli » (208, 209).

Le schéma de Frye recoupe le modèle courant
des grandes comédies de Molière sur lesquelles
porte le débat[4]. *L'École des femmes, L'Avare, Le*

*Tartuffe, Le Bourgeois gentilhomme, Les Femmes savantes, Le Malade imaginaire* s'articulent sur un cànevas identique : des jeunes gens s'aiment d'amour tendre ; un aîné tout puissant, pour satisfaire à une manie qui le dévore, contrarie leur bonheur. Le temps de la pièce, l'ordre est perturbé, mais au dénouement, grâce à la ruse et à la providence, la comédie retrouve son harmonie initiale. « Tout commence mal et finit bien » (*Gutwirth*, 9). *Dom Juan, Le Misanthrope* et *George Dandin* échappent en partie à la structure conventionnelle, ce qui rend leur lecture plus ambigüe, et laisse libre cours à l'imagination. Cependant, pour l'essentiel, ces pièces répondent aux critères de la comédie. Là encore, un ordre co(s)mique sous-jacent préexiste à la pièce. Cet ordre est mis en danger par le héros et rétabli au dénouement. Par Dom Juan qui fait fi des devoirs sacrés de sa caste et du sacré tout court ; par Alceste qui entend bouleverser le pacte social ; par George Dandin qui ignore les règles d'une hiérarchie sociale dans laquelle il prétend s'introduire.

C'est à partir de ces données de principe que se fera le clivage entre la lecture comique et celle qui nie le comique. Mais elle ne résultera pas du degré de perspicacité du lecteur, plutôt des instruments optiques dont il lui plaira de se servir. En effet, la vision tragique et la vision comique d'une œuvre théâtrale dépendent de l'attitude adoptée par le sujet qui appréhende l'œuvre. La vision tragique suppose, sinon une identification intégrale, du moins une empathie de la part du sujet envers l'objet. La vision comique « saisit du dehors et non du dedans ». Et dans cette vision « un personnage devient comique à mesure qu'il est vidé de la biographie qui fait de lui cette personne unique [...]. La sympathie qui nous attache à la personne historique disparaissant avec elle, le comique peut naître » (*Gouhier,* 139). Pour qu'un personnage soit comique, deux exigences doivent être remplies : il ne faut pas que je le considère comme mon semblable, en quoi je nie le principe moral de solidarité entre les hommes, et pour ce faire : il faut que le personnage soit un type que rien ne peut entamer, une sorte d'en-soi anthropomorphique privé de conscience. La conscience que je prête ou que je conteste au personnage fera de lui un héros tragique ou un type comique. Le principal aristotélicien du tragique repose précisément sur le prise de conscience du héros après l'acte criminel et la souffrance. La marque d'infamie de Caïn ne peut engendrer la souffrance que s'il en décrypte la signification. Les coups du sort et de fouet n'atteignent pas, en revanche, le personnage de la comédie ; il tombera mais se relèvera inaltérable comme Ubu ou Charlot dans un présent extra temporel hors de la réalité. Une fois la distinction faite dans le sens du comique, peut se déclencher le principe du rire.

Bien des ouvrages ont été consacrés à l'étude du phénomène du rire depuis Aristote et jusqu'à nos jours, et rares sont les théoriciens depuis le dix-septième siècle qui n'aient pas puisé d'exemples dans l'œuvre de Molière. Les définitions sont aussi variables que leur nombre, mais toutes supposent une prise de distance du sujet par rapport à l'objet

du rire. Cependant, ce qui me paraît capital pour
le débat qui nous occupe, c'est la relativité du
comique relevée par Hobbes (dans : *De la nature
humaine*). Charles Mauron en souligne l'importance : « Nous paraissons lui devoir [à Hobbes]
l'idée que la qualité du risible n'est pas attachée
à l'objet (comme le croyaient les Anciens), mais à
une relation dans l'esprit du sujet. Ce qui implique
la relativité du rire » (145).

Désormais il est légitime de soutenir que, pour
qu'il y ait comédie, il faut présupposer un consensus comique entre le texte, la mise en scène et partant le spectateur. En l'absence de cet accord, si
la scène est envahie par la condition humaine,
Molière risque d'être confondu avec Ionesco et
même Beckett. Alors le type comique, affublé
d'une manie ridicule, deviendra un héros en proie
à la folie tragique. C'est alors que Dom Juan dans
la mise en scène de Vitez, prend l'allure d'un
Hamlet[5], Arnolphe d'un homme encore jeune et
amoureux, évincé par un blanc-bec avec l'inconscience cruelle de la jeunesse ; Tartuffe apparaît
comme un être écartelé par une contradiction tragique, ou encore victime des « nuits policières »
dans la vision de Roger Planchon[6] ; Harpagon a toutes les chances d'inspirer la pitié si on en fait un
Gobseck, tragique dans sa solitude, se livrant corps
et âme au seul amour qui ne le trahit pas, qui lui
donne un sentiment de puissance : l'argent. Argan,
bien sûr, se révélera en proie à la peur de la mort
(Voir à ce propos le livre de R. Garapon). Les dénouements de certaines pièces encouragent cette propension des metteurs en scène et critiques à l'écla-

tement des structures comiques. Comment aborder la fin du *Misanthrope,* de *George Dandin, de Dom Juan* jusqu'aux *Précieuses ridicules,* où des valets se font rosser d'importance et dépouiller pour un crime qu'ils n'ont pas commis ?

De là à conclure que l'œuvre de Molière est ambivalente, il n'y a qu'un pas. On l'a souvent franchi, et puisqu'il en est ainsi, tous les sens sont possibles, toutes les lectures légitimes. Dès lors, pourquoi ne pas faire de Tartuffe une sombre brute opaque aux traits de Gérard Depardieu ?

C'est rendre le théâtre de Molière bien méconnaissable et étrangement dépourvu d'identité. Ne pas tenir compte du paradigme comique est une chose, le point de vue du spectateur — nous l'avons vu — le permet. Ignorer les structures récurrentes de l'œuvre en est une autre. En effet, le paradigme comique n'est pas ce qui fait l'originalité du théâtre de Molière. C'est peut-être même ce qui en fait la banalité et explique qu'il soit périodiquement ignoré par certains critiques et metteurs en scène. En revanche, une unité de base sous-tend toutes les pièces et celle-ci repose sur le modèle carnavalesque.

« L'idée du carnaval a été perçue et s'est manifestée de la façon la plus sensible dans les saturnales romaines, senties comme un retour effectif et complet (quoique provisoire) au pays de l'âge d'or » (*Bakhtine,* 15). L'idée du retour à l'âge d'or associe le carnaval à la comédie (telle que la définit N. Frye). Ce qui caractérise encore le carnaval est qu'il semble « avoir édifié à côté du monde officiel un second monde et une seconde vie » (13).

« Basée sur le principe du rire » (16), cette seconde
vie rappelle le monde à l'envers de la comédie. « A
l'opposé de la fête officielle, le carnaval était le
triomphe d'une sorte d'affranchissement provisoire de la vérité dominante et du régime existant,
d'abolition provisoire de tous les rapports hiérar-
chiques [...] C'était l'authentique fête du temps,
celle du devenir » (18). la licence physique et verbale caractérise cette fête dont la morale officielle
est bannie. Le bouffon est couronné roi. La mort
est conjurée, ou en tout cas suivie de résurrection.
Mais tout cela dans les limites d'un temps déter-
miné, dans le cadre d'un consensus contrôlé par
l'ensemble du peuple. Au terme du carnaval, le
bouffon/roi est découronné et dépouillé de ses har-
des royales, et la vie rentre dans l'ordre quotidien
avec la promesse, toutefois, d'un renouveau carnavalesque l'année suivante. Toute transgression
au-delà de la vie parenthèse est punie car elle risque d'entraîner une anarchie par définition
incontrôlable.

Ce principe carnavalesque se retrouve sous
diverses formes dans les comédies de Molière. Et
tout d'abord, sous sa forme intégrale dans *Les Précieuses ridicules*[7]. Depuis l'intronisation des valets
(Mascarille et Jodelet) par leurs maîtres (La Grange
et du Croisy), dignes représentants de la société normative de la pièce, et jusqu'à la mise à nu ultime
des bouffons ranimés par l'espoir d'un recommen-
cement « ailleurs ». L'ambiguïté de la pièce s'en
trouve singulièrement simplifiée[8].

Bakhtine avait déjà relevé la survivance d'éléments carnavalesques dans les comédies de

Molière : « la richesse de la forme grotesque et carnavalesque, sa vigueur artistique et heuristique
généralisatrice, a subsisté […] dans la *Commedia
dell'arte* (qui plus que toute autre a conservé son
lien avec le Carnaval qui lui a donné naissance, et
dans les comédies de Molière (apparentées à la
*Commedia dell'arte*) » (43). C'est ainsi que Charles Mauron définit lui aussi la comédie : « Tout se
passe comme si la fantaisie nous y offrait une spi-
rituelle revanche à toutes les contraintes que la
réalité nous a fait subir » (78). La « revanche aux
contraintes », qui sous-entend l'abolition des hiérarchies, repose sur « l'ordre stable et harmonieux »
dont parle Frye, et décrit toutes les situations de
base de la comédie moliéresque. Elle explique
d'emblée l'égalité entre maîtres et valets, la primauté du désir, et le souci du bonheur. Mais contrairement à la norme carnavalesque qui se limite
à cette parenthèse provisoire dans une réalité
répressive, la situation moliéresque type repose sur
l'identification de cette norme avec la « réalité »
scénique. Autrement dit, la « morale » de la scène
est une morale carnavalesque qui relève d'un consensus scénique et non de la distinction courante
entre le bien et le mal. Ce qui est substitué à la
morale courante est donc une simple règle du jeu
de la scène. Dans *George Dandin,* par exemple, la
règle du jeu est aux mains des Sotenville et leurs
semblables. George Dandin a le tort de ne pas s'y
conformer. Aucun critère de justice ou d'injustice
— naturel dans la salle — ne doit présider à notre
vision de la pièce[9]. Que nous trouvions les Sotenville sots et méchants ne fait rien à l'affaire, car

la notion de justice de la salle correspond rarement
à celle de la scène de Molière. Cela explique que
l'honnêteté souvent spécieuse de bien des personnages de ce théâtre ne nous empêche pas de leur
accorder notre soutien inconditionnel. Fidèle à ce
principe, Scapin a raison de rouer de coups un vieillard sans défense ; Angélique de tromper son père
Argan ; Valère et Cléante de voler et de ridiculi-
ser le vieil Harpagon. Dans le monde normatif de
la licence carnavalesque, tout est permis pour qui
connaît la règle du jeu, à condition que cette
licence bénéficie de l'accord de la société scénique
antérieur à l'action de la pièce. Gare à celui qui ins-
tallera son propre carnaval en dépit du carnaval
collectif, car il représente un danger réel pour la
stabilité du groupe social qu'il met en cause. Son
carnaval est illégal et subversif. Usant de tous les
moyens qui sont à sa disposition, la société carnavalesque condamne le carnaval solitaire qui la
menace. Désormais Arnolphe est l'intrus indésira-
ble pour Agnès et Horace qui ont la bénédiction de
la règle du jeu collective ; Dom Juan bouleverse le
code social ; Alceste avec l'aide indirecte d'Arsinoé, risque de ruiner les fondements d'un salon de
pacotille certes, mais non moins approuvé par la
majorité. Ainsi, tous les monomaniaques carnavalesques perturbent un ordre qui, pour le soulage-
ment universel, sera rétabli au dénouement. Au
terme de cette dernière phase de la pièce se fait
le clivage entre les comédies « heureuses », dans
lesquelles le carnaval personnel est fondu dans le
carnaval général, et celles ambiguës où le « vilain »
est mis hors d'état de nuire. M. Jourdain et Argan

sont entraînés dans la ronde finale et pénètrent ainsi, pour la joie du commun, dans le paradis carnavalesque général. Tartuffe, Alceste, Arnolphe, Dom Juan et Dandin, transgresseurs plus opiniâtres, acquièrent l'identité ambivalente du bouc émissaire.

Personnages centrifuges d'une réalité centripète, leur ambivalence s'inscrit dans l'économie des comédies de Molière sous la forme du masque. Pour Bakhtine « le masque traduit la joie des alternances et des réincarnations, la joyeuse relativité, la joyeuse négation de l'identité et du sens unique... » (49). Ce masque convient aux personnages secondaires, aux Nicole, Dorine et aux Toinette, aux Covielle et aux Scapin ; aux « raisonneurs », aux blondins et aux ingénues, à tous ceux que R.J. Nelson appelle « les Autres », ceux qui revêtent des masques divers au gré des nécessités ou de leur fantaisie. En revanche, le masque du héros comique cache une contradiction. Car derrière le masque volontaire du personnage, dit W.G. Moore, il y a une force cachée, instinctive, contre laquelle son propriétaire ne peut rien. Le monde dans lequel se débat le personnage carnavalesque excentrique n'admet pas le refus du masque et sévit contre celui qui veut lui substituer la réalité. Dans son étude sur *Tartuffe*, J. Guicharnaud (100) analyse ce moment trouble où Tartuffe, en proie à son désir incoercible pour Elmire, s'apprête à arracher son masque de dévôt pour être rejeté dans son rôle par Elmire d'abord, par Orgon ensuite. Pour l'interprétation scénique du même épisode, A. Vitez se sert de la perruque dans le but d'obtenir un effet sem-

blable : Tartuffe se l'arrache de la tête et paraît
découvert au moment de vérité. Mais Elmire et
Orgon l'obligent à remettre son masque. Et lorsque, à l'acte IV, le personnage résiste, il devient
un danger réel qu'il faut éliminer par la force.

Il y a donc chez le héros comique moliéresque
une ambivalence d'essence car derrière le masque
se cache son double obscur habité d'un désir des-
tructeur d'ordre. Roi et bouffon, ce personnage
sera appréhendé tantôt par la face apparente de
son masque, tantôt par l'autre. Tantôt personnage
bouffon vidé d'humanité, tantôt être palpitant et
sensible. Certes, cette ambivalence pose un problème au lecteur, mais dans le cadre des pièces de
Molière, le masque carnavalesque l'emporte toujours sur le désir du personnage de le déchirer dans
sa rage, d'échapper à son sort de pantin comique.
Quiconque, metteur en scène ou critique, aborde
l'œuvre de Molière, se doit de tenir compte de cette
structure de base dans laquelle, en dépit des grin-
cements et des failles, le personnage reste comique, même à son corps défendant.

# NOTES

1.  Je me range ici à l'avis des spécialistes du théâtre qui, comme Henri Gouhier (contre Lanson), constatent qu'« une œuvre théâtrale [...] n'est vraiment et complètement elle-même qu'une fois représentée ». H. Gouhier, *L'œuvre théâtrale,* éd. d'Aujourd'hui 1978. Postface en forme de préface.

2.  Il y a beaucoup d'études consacrées aux lectures moliéresques. Il ne s'agira pas ici d'en refaire l'histoire. Nous nous servirons des points de repère utiles à notre propos. Voir en particulier l'excellent guide de Collinet, *Lectures de Molière.*

3.  Jacques Guicharnaud, *Molière, une aventure théâtrale.* C'est aussi le point de vue de Moore dans son étude sur le masque, pp. 40-52.

4.  Les farces sont hors de cause puisqu'elles ne présentent aucune ambiguïté.

5.  Dans sa mise en scène de la pièce, Dom Juan fait son entrée tout de noir vêtu, un livre à la main, perdu dans une rêverie profonde.

6.  Voir le commentaire d'Alfred Simon pour le programme de la mise en scène de *Tartuffe,* par Roger Planchon, dans l'édition de l'*Avant-Scène.*

7.  Voir la belle étude de R. Brandwajn sur l'aspect carnavalesque des *Précieuses ridicules* dans « Les aspects méconnus de l'œuvre de Molière », *The Israel Academy of Sciences and Humanities,* Proceedings, volume V, n° 8, Jérusalem, 1975.

8.  En montant la pièce avec mes étudiants du Dept. d'Histoire du théâtre à l'Université Hébraïque de Jérusalem, j'ai pu mettre en relief le principe carnavalesque de la comédie en composant une scène à deux niveaux : sur le plateau central se déroulait le carnaval, sur la

scène extérieure qui entourait le plateau central formant
la réalité scénique, veillaient les maîtres prêts à mettre
le holà au moindre danger de voir le carnaval déborder
dans la réalité.

9. Une étude portant sur le réalisme social de la
pièce ne peut en saisir qu'un aspect fragmentaire.

# LE CARNAVAL SOLITAIRE DE
# DOM JUAN*

* paru sous forme d'article dans *Les Lettres Romanes*, t. XXXV, 1981.

Le *Dom Juan* de Molière, depuis sa création en 1665, ne cesse de provoquer des controverses et des interprétations de tout genre. Deux aspects de la pièce rendent les définitions malaisées. D'abord, comment justifier que le héros principal évolue au cours de l'événement théâtral ? Il n'y a guère on parlait encore du vieillissement graduel du personnage (*Faguet*, 1914). Or, conformément aux règles de la comédie, nul autre personnage de Molière n'évolue dans le cadre des pièces. Ni Harpagon, ni Tartuffe, ni Jourdain, ni même Alceste. En outre, comment expliquer l'intervention de la divinité, la présence du fantastique dans la comédie ? Faut-il y voir une concession à la légende ? Molière obéit-il à une mode ? On sait pourtant que des modèles primitifs, Molière n'a retenu que le matériau narratif. Pourquoi alourdir sa comédie d'un *deus ex machina* ?

En partant d'un trait commun aux comédies moliéresques, on peut affirmer que *Dom Juan* s'incorpore naturellement dans l'œuvre de Molière puisqu'il expose, comme les autres pièces, le heurt entre l'ordre d'un groupe humain et le désordre apporté par un personnage.

Or, l'idée du désordre est souvent empruntée au modèle carnavalesque. Dans *Le Bourgeois gen-*

*tilhomme,* Mme Jourdain reproche littéralement à son mari d'avoir installé « carême prenant » à son domicile. Béralde, dans *Le Malade imaginaire* organise un carnaval en guise de dénouement. *Tartuffe* s'ouvre sur une parade carnavalesque (brillamment soulignée par la mise en scène de Planchon) au cours de laquelle Mme Pernelle s'exclame, outrée, que la maison lui semble livrée à l'anarchie, qu'on s'y croirait à la « cour du roi Pétaud », à « la tour de Babylone » (I, 1). De manière moins évidente mais non moins certaine le « franc parler » d'Alceste, caractéristique de la licence carnavalesque, constitue un véritable scandale dans la société organisée. Philinte s'empresse de le faire remarquer à son ami (I, 1). La première pièce d'importance de Molière, *Les Précieuses ridicules,* offre déjà un modèle du genre : des valets déguisés en seigneurs entraînent deux pecques provinciales dans une ronde endiablée. La scène de la fin est une illustration typique du dénouement carnavalesque marqué par la mise à nu des bouffons[1]. *Dom Juan* n'échappe pas à la règle.

Le carnaval, rappelons-le, est ce moment privilégié de la vie en société où la hiérarchie est abolie, le pouvoir suspendu, où la raison cède la place à un défoulement des sens dans l'épanouissement d'une liberté complète, intemporelle mais provisoire. Le carnaval commence par l'intronisation du roi carnavalesque et s'achève par la cérémonie du découronnement.

Si nous relisons *Dom Juan* dans la perspective d'un conflit entre le carnaval et la société organisée, il nous sera facile d'en dégager l'essence et

d'en expliquer les étrangetés apparentes. Ce qui
semble raidissement progressif du héros n'est en
réalité qu'une double projection du même personnage, d'abord par le miroir carnavalesque, puis par
le miroir social de la réalité scénique. La statue du
commandeur, plutôt qu'une simple intervention
divine, n'est autre que le porte-voix et le symbole
du pouvoir face à l'homme de carnaval.

La dualité du *Dom Juan* de Molière s'inscrit en
premier lieu dans la structure de la pièce rompue
par le milieu. Deux volets bien distincts s'articulent autour d'un pivot central, la scène de la confrontation entre Dom Juan et la statue du commandeur. Le premier volet comporte deux actes et quatre scènes, le second, deux actes et une scène.
Molière a adroitement situé la scène charnière le
plus près possible du centre de la pièce, assurant
ainsi un équilibre égal aux deux parties constituti-
ves. Simultanément, sur le plan dramatique, la
scène charnière marque la rupture complète entre
le Dom Juan d'avant la rencontre de la statue et
le Dom Juan d'après la rencontre. L'ambivalence
du héros se traduit en termes de lieu et de temps.

Dans la première phase de la pièce, Dom Juan
est en déplacement permanent. Le décor change
à chaque scène. La définition des lieux est vague
(palais, campagne, forêt), mais toutes les scènes
sont situées à l'extérieur, de préférence à l'air
libre. Toute la deuxième phase se joue en revanche entre quatre murs, dans l'appartement de Dom
Juan. Le héros qui naguère avouait : « [...] je ne
saurais me résoudre à enfermer mon cœur entre
quatre murailles ». (III, 5), y est « fait comme un

rat ». Le temps est indéfini puisqu'un grand nombre d'aventures se déroule, semble-t-il, en moins
d'une journée, couvrant treize scènes. On suppose
que la pièce commence dans le courant de la mati-
née. On sait que Dom Juan est sur les lieux « d'hier
au soir » (I, 2). La deuxième phase s'étend sur deux
journées, la fin de la journée précédente s'ache-
vant par le souper et toute la journée du lendemain
jusqu'au second souper, couvrant en tout quatorze
scènes. Dans une deuxième rencontre avec son père,
Dom Juan se réfère à la veille en disant : « je ne suis
plus le même qu'hier au soir ». (V, 1). On y voit
le souci de l'auteur d'indiquer, dans la deuxième
phase, l'écoulement du temps. On peut en conclure
qu'il y a interférence de temps et de lieu qui, dans
un premier mouvement dramatique, crée un univers de liberté physique et intemporelle marqué
par l'abolition du temps et de l'espace, tandis que
dans le deuxième mouvement, le personnage est
pris au piège spatial dans un temps humain qui
s'écoule vers la mort.

L'organisation spatio-temporelle correspond à
la nature du héros qui se manifeste sous un aspect
différent dans chacune des deux phases de la
pièce. Le mythe semble s'être glissé à l'arrière-
plan. Dans la pièce de Molière, Dom Juan n'est plus
seulement le grand consommateur de femmes :
c'est « un personnage qui franchit les frontières des
ordres reconnaissables » (*Guicharnaud*, 187)[2].

Dans sa première phase, Dom Juan vit non seulement impunément, mais encore « dans la désin-
volture de l'immortalité » (309). Il est roi, il en a
la grâce. Il ne se rend coupable d'aucune noirceur.

Pour témoignage de ses délits passés nous n'avons que la foi des autres personnages. Or, Elvire et Sganarelle jugent en fonction du temps successif, Dom Juan vit en fonction du moment présent. De cette différence de points de vue découle un jugement de valeur discutable : personne ne met en doute l'amour de Dom Juan pour Elvire à un moment de l'histoire ; on lui reproche le manque de fidélité à cet amour. En disant : « Je ne puis refuser mon cœur à tout ce que je vois d'aimable ; et dès qu'un beau visage me le demande, si j'en avais dix mille, je les donnerais tous [...], je me sens le cœur à aimer toute la terre ». (I, 2), Dom Juan, homme libéré de toute contrainte, ne fait-il pas preuve d'une sorte de générosité de cœur ? La morale est tirée par les autres. Dans *Le Burlador* de Tirso de Molina, le héros est invariablement méchant et sournois dès le début de la pièce. Dans le cas du héros de Molière, il y a ambiguïté voulue. J. Guicharnaud fait observer que Dom Juan ne ment que contraint (239). Il ne ment à Elvire que lorsqu'elle le somme de le faire, non sans lui avoir fait d'abord entendre la vérité. Au cri d'Elvire : « Que ne me jurez-vous que vous êtes toujours dans les mêmes sentiments pour moi ? » il répond : « Je ne vous dirai point que je suis toujours dans les mêmes sentiments pour vous ». (I, 3). Contrairement à Dom Juan, les autres personnages se drapent dans une hypocrisie plus ou moins consciente. A cet égard la première scène de la pièce prend une résonance particulière. Sganarelle commence par un exposé de ses vues sur le tabac sans rapport apparent avec la suite des événements. En fait, le valet fait l'éloge de ce qui à l'époque, aux yeux de la morale officielle, est considéré comme pernicieux. Mais il essaie de justifier son vice précisément au nom de la morale : « Non seulement, dit-il, le tabac réjouit et purge les cerveaux humains mais il instruit les âmes à la vertu, et l'on apprend avec lui à devenir honnête homme ». (I, 1). En s'exprimant de la sorte, Sganarelle fait la parodie involontaire du digne représentant de la morale sociale à manteau d'hypocrisie. Il passe ensuite au portrait de son maître, « grand seigneur, méchant homme », pire que le diable. Venant de celui qui le prononce, le jugement prend automatiquement un caractère spécieux. Ainsi, d'entrée de jeu, le spectateur est invité à prendre ses distances par rapport au porte-parole de la moralité publique ; il aura tendance à adopter le point de vue de Dom Juan ou au moins à le regarder avec bienveillance.

A l'instar de Sganarelle, tous les personnages, excepté Dom Juan, se réfugient derrière des impératifs moraux et des principes. Elvire parle de crime ; le naïf Pierrot invoque la morale en amour : « Vois-tu, ça ni biau, ni honnête de n'aimer pas les gens qui vous aimont [...]. Je veux que l'en fasse comme l'en fait quand l'en aime comme il faut ». (II, 1). Don Carlos, le frère d'Elvire, parle lui aussi en termes de devoir : « [...] je trouve la condition d'un gentilhomme malheureuse d'être asservi par les lois de l'honneur au déréglement de la conduite d'autrui ». (III, 3).

Pour ces personnages, l'amour est devoir ; l'honneur est corvée ; la science est synonyme de charlatanisme — si bien que Sganarelle déguisé en

médecin le devient aussitôt ; la religion n'est que
superstition — le valet peut à la rigueur admettre
que Dom Juan nie « l'autre vie », mais ne pas croire
au « moine bourru » : « Et voilà ce que je ne puis
souffrir ». (III, 1), s'écrie-t-il. Contrairement à Dom
Juan, Sganarelle et ses semblables sont vus sous
leur jour le moins flatteur.

Il est dorénavant acquis que Dom Juan, face
aux autres personnages, est un être marginal qui
vit dans une réalité différente de la leur. Le seul
agent de liaison entre les deux mondes est Sganarelle qui oscille entre les deux sphères. Cela explique la répulsion-attraction qu'il éprouve à l'égard
de son maître et sa confusion profonde. « Vous
tournez les choses d'une manière qu'il semble que
vous avez raison et cependant il est vrai que vous
ne l'avez pas ». (I, 2), reconnaît-il.

Cet être marginal créé par Molière, saisi dans
sa réalité particulière, ne correspond pas vraiment
au portrait d'un athée ou d'un anarchiste, pas plus
qu'à celui du pécheur endurci de la légende. Il est
avant tout « homme de carnaval ». (Voir R. Brandwajn, *op. cit.*, p. 9).

En effet, tout dans l'écriture dramatique semble l'indiquer, du moins au niveau de la première
phase de la pièce. Dom Juan, dans sa première
incarnation, s'amuse. Il est affranchi de tous les
tabous sociaux, dans une réalité où règne la liberté
totale. Le temps y est aboli, le personnage est roi.
La mort est bannie ; à deux reprises le héros en
écarte le spectre. Il se porte au secours de Don Carlos lorsque celui-ci est en passe d'être tué par ses
adversaires. Il offre de l'argent au pauvre aussitôt

que celui-ci, plutôt que de blasphémer, « préfère mourir de faim » (III, 2). Aucun principe de causalité ne préside à l'univers carnavalesque de Dom Juan. Il se montre ingrat envers Pierrot qui l'a sauvé du naufrage, à qui peu après il administre un soufflet pour l'avoir dérangé dans son plaisir du moment. C'est ainsi que tiré d'affaire il ne pense qu'à une nouvelle conquête. Il ne songe pas davantage à l'utilité de ses actes et ne prend de précautions qu'en vue d'un danger immédiat. L'être carnavalesque qu'est Dom Juan règne dans un présent permanent. N'ayant pas de passé, il n'a pas de racines, pas d'œdipe. Tandis que dans *Le Burlador,* le père paraît dès le deuxième acte, chez Molière la figure du père n'envahira la scène que lorsque le héros aura quitté son univers carnavalesque. Dans toute la première phase il n'est fait nulle mention de père, si bien que le problème de culpabilité ne s'y pose pas. (Voir à ce propos *Mauron,* 58-68). Dom Juan a l'innocence de celui qui ignore la notion du mal.

A partir de la deuxième phase de la pièce, l'éclairage change car Dom Juan méconnaît la règle en défiant la loi du carnaval, en voulant le jouer en solitaire en dépit de la société organisée. Or, ce qui caractérise le carnaval est qu'« il est fait pour l'ensemble du peuple » (*Bakhtine,* 15). Le carnaval solitaire est proscrit. Dom Juan a tenté de l'imposer à la réalité quotidienne, sans se préoccuper du consensus général. Son défi est dramatiquement médiatisé par la provocation de la statue du commandeur qui n'est plus seulement une intrusion du fantastique dans l'univers de la comédie, mais représente symboliquement le monument des lois universelles. Camus l'avait bien remarqué :

> *Que signifie d'autre ce commandeur de pierre, cette froide statue mise en branle pour punir le sang et le courage qui ont osé penser ? Tous les pouvoirs de la Raison éternelle, de l'ordre, de la morale universelle, toute la grandeur d'un Dieu accessible à la colère se résument en lui. Cette pierre gigantesque et sans âme symbolise seulement les puissances que pour toujours Dom Juan a niées.* (104)[3]

A travers l'homme de pierre, Dom Juan défie le monde institutionnel, il y pénètre symboliquement, et dès lors devient justiciable de ses lois, et il est saisi par l'optique de cette société pour laquelle il représente une menace. La société sanctionne le carnaval et, lorsque celui-ci devient dangereux, met le holà. « Et si les maîtres chez Plaute, font sonner si haut l'annonce d'une pluie de coups de bâton à venir, ne serait-ce pas peut-être pour se rassurer, au plus fort de ce déroutant carnaval, qu'ils sont encore les maîtres ? ». (*Gutwirth*, 30). C'est ainsi que dans *Les Précieuses ridicules*, Mascarille et Jodelet se font rosser par leurs maîtres, que M. Jourdain devient dangereux lorsqu'il essaie d'installer « carême-prenant » dans sa propre maison. Dans les comédies de Molière qui finissent « bien », les personnages résolvent les problèmes par un consensus général en s'associant au carnaval d'un seul personnage. Ainsi dans *Le Bourgeois gentilhomme* et *Le Malade imaginaire*. Ailleurs, dans *Tartuffe* et *Dom Juan* par exemple, il y a

amputation du membre gangrené. Sur le plan dramatique, l'homme de pierre prend alors valeur de
mythe. Dom Juan a violé l'interdit. Pour l'homme
de carnaval l'entrée du monde de l'ordre est bar-
rée. A partir du moment oú Dom Juan enfreint la
règle, il est projeté dans la deuxième phase de son
existence, sous une nouvelle perspective.

Grand seigneur et roi dans son monde à
l'envers, il devient, dans la réalité quotidienne, pri-
sonnier de sa caste. Il est l'objet après avoir été
sujet, obstacle après avoir été moteur. Dans sa première incarnation il a raison, les autres ont tort.
Dans la nouvelle réalité, la situation est inversée.
Dès le début, celui qui était doué d'une bonhomie
souriante devient ombrageux et inquiétant. Très
conciliant autrefois à l'égard de Sganarelle (dans
une réalité où la hiérarchie est abolie), il se pose
soudain en maître : « Si tu me dis encore un mot
là-dessus, je vais appeler quelqu'un, demander un
nerf de bœuf [...] et te rouer de mille coups ».
(IV, 1), tonne-t-il. Son comportement est jaugé par
le regard d'autrui. De beau son sourire tourne à la
grimace. Il va de soi que dans sa nouvelle réalité
Dom Juan revête le masque de l'hypocrisie qui
l'investit de son état social. Il est membre de la collectivité au même titre que les autres. Il est happé
moralement et physiquement, alors qu'il avait été,
auparavant, hors d'atteinte. En donnant la main
à la statue, il signe symboliquement son apparte-
nance. Il vit dans le temps et les événements pren-
nent un sens dans un ordre de causalité implacable. Dom Juan fait alors ce qui lui est utile, il lou-
voie pour s'assurer la protection du géniteur dont
la présence se fait lourde de conséquences :

*Si j'ai dit que je voulais corriger ma conduite et me jeter dans un train de vie exemplaire, c'est un dessein que j'ai formé par pure politique, un stratagème utile, une grimace nécessaire où je veux me contraindre, pour ménager un père dont j'ai besoin et me mettre à couvert, du côté des hommes de cent fâcheuses aventures qui pourraient m'arriver.* (V. 2).

Contrairement à la première phase d'où la mort est bannie, la deuxième phase se joue sous le signe de son spectre, la faux à la main, et la volonté de mort. « Eh ! mourez le plus tôt que vous pourrez » (IV, 5), souhaite Dom Juan à son père. Les autres personnages sont à présent supérieurs à Dom Juan. Elvire est pour la première fois convoitée et inaccessible. Don Carlos lui jette son mépris au visage. Dom Juan, peu à peu, perd du terrain, objectivé par autrui, donc coupable.

Dom Juan est puni pour avoir voulu installer son carnaval personnel dans la société organisée. Tout comme pour les autres originaux du théâtre de Molière — M. Jourdain, Harpagon, Orgon et Argan — la société réagit et neutralise le coupable.

En termes de la règle de la comédie classique, *Dom Juan* obéit à la tradition du genre. Non seulement Molière y a légitimé l'intrusion du fantastique, mais il a réduit la stature du héros à celle d'homme de carnaval. Le « grand seigneur méchant homme » n'est en fait que le roi d'un jour dans le monde à l'envers de la comédie.

## NOTES

1. Voir l'article de R. Brandwajn, *op. cit.*, p. 7.

2. W.G. Moore fait la même observation : « Tous les épisodes dans *Dom Juan* ont un même caractère : ils sont tous des efforts d'affranchissement tentés par l'homme de plaisir pour se libérer du joug du devoir ». (« Raison et structure dans la comédie de Molière » (pp. 800-805), dans *R H L F*, Sept.-déc. 1972, n° 5-6, p. 801).

3. Dans la même veine, Anne Ubersfeld remarque que le commandeur annonce la fin du carnaval, qu'il en est le détrôneur (*Le Roi et le Bouffon*, Corti 1974, p. 505).

*LE MISANTHROPE,*
une comédie éclatée.

La propension de certains personnages de Molière à vouloir échapper à leur statut comique n'est pas un phénomène d'exception dans son théâtre. C'est au contraire un des traits distinctifs du héros comique qui favorise une impression d'ambiguïté périodiquement soulignée par les metteurs en scène. En tirant le type du côté de l'humain, en réduisant ses propriétés de guignol unidimensionnel — sans pour autant trahir son monolithisme de base à caractère obsessionnel — on en arrive à découvrir dans les grandes comédies des personnages complexes, prisonniers d'une convention comique coercitive. Arnolphe, Harpagon, George Dandin, Dom Juan, Argan et bien sûr Alceste, pétris par des hommes de théâtre tels que Planchon, Vitez ou Lassalle, ont cessé de faire rire. Les metteurs en scène contemporains ne font d'ailleurs qu'exalter une vision de l'œuvre établie depuis longtemps. Jacques Guicharnaud met en évidence un cas exemplaire de l'ambivalence du personnage moliéresque lorsqu'il remarque dans la scène 4 de l'acte III du *Misanthrope* qu'au cours du duel qui l'oppose à Célimène, Arsinoé « fait tous ses efforts pour s'élever au-dessus de la comédie ». (424) Elle rejette d'emblée l'offre de son hôtesse qui l'invite à s'asseoir car, rappelle Gui-

charnaud, « on s'assied dans la comédie de salon
[...]. La tragédie, elle, se joue debout »[1]. (424) La
particularité d'Arsinoé n'aurait donc rien de sur-
prenant s'il ne s'agissait pas d'un personnage
secondaire. En effet la dualité dans le théâtre de
Molière est l'image de marque du héros comique
et de lui seul. Les autres personnages s'inscrivent
dans une typologie et se reconnaissent à leur masque conventionnel. Depuis les valets, les servantes, les raisonneurs, les blondins et les ingénues,
jusqu'aux comparses épisodiques tels que les médecins et les hommes de loi. Seule les distingue leur
fonction circonstancielle qui varie d'une pièce à
l'autre. On peut même affirmer que les raisonneurs
et les domestiques, sans être personnellement
impliqués dans le drame, sont les anges gardiens
des couples d'amoureux, tandis que les comparses,
plus rares, sont d'ordinaire les complices intéres-
sés du héros aliéné. Ces personnages définis en termes de comédie sont tous engagés dans la lutte de
« l'ordre » contre « le désordre ».

Le cas d'Arsinoé présente à cet égard une singularité qui, comme nous le verrons, aura des
répercussions décisives sur la structure et plus précisément le dénouement de la pièce, au point d'en
ébranler l'équilibre comique.

D'entrée de jeu pourtant, *Le Misanthrope*
s'articule sur le canevas habituel : une situation
conflictuelle entre un personnage et un groupe.
Alceste n'a pas, ou refuse d'avoir, le sens de la vie
en collectivité. En quoi il enfreint la norme d'une
société pour laquelle toute forme d'excentricité est
scandaleuse, qui de surcroît considère cette excen-

tricité comme un cas d'aliénation. Autant pour la situation d'ensemble. Scéniquement, la licence verbale d'Alceste, son agressivité, opposées au langage policé, à la civilité de manières d'un clan homogène qui donne le ton et par conséquent la règle du jeu, constituent une transgression inquiétante. Comme ses pairs de la comédie moliéresque, Alceste sera gardé à vue par « les honnêtes gens » prêts à mettre le holà au moment opportun pour l'empêcher de faire un mal irréparable. Le fait que « les honnêtes gens » de la société particulière où sévit Alceste — Philinte, Éliante et surtout Célimène — considèrent le personnage excentrique avec une indulgence amusée, et cela en dépit de son tapage, prouve assez à quel point il semble inoffensif à leur yeux. Ils ont même d'excellentes raisons de le tolérer. Avant tout, Alceste ne possède pas l'autorité contraignante qu'ont d'ordinaire « les pères » de la comédie de Molière. Par conséquent le bonheur d'un jeune couple favori du public n'est pas ici en jeu. A priori le seul crime dont Alceste puisse se rendre coupable est de retourner la situation comique contre lui-même. En revanche « Les Autres » ont pour garant l'amour d'Alceste pour Célimène, un véritable talon d'Achille dont ils ont la maîtrise. La vulnérabilité d'Alceste est rassurante tout comme l'est aux yeux de Dorine le désir de Tartuffe pour Elmire. D'où la gentillesse avec laquelle Philinte prévient son ami que sa maladie « partout donne la comédie ». (I, 1 v. 106) Malgré lui l'atrabilaire est réduit à sa nature comique inconsistante et inefficace. Il a beau proclamer dès le début sa haine de l'humanité (I, 1 v. 114), son incohérence le trahit lorsqu'il souhaite perdre son procès pour avoir le droit

> ... *pour vingt mille francs /.../ de pester*
> *Contre l'iniquité de la nature humaine*
> *Et de nourrir pour elle une effroyable haine*
> (V, 1 v. 1548-1550)

On a déjà montré que la vérité d'Alceste est son désir d'être distingué. (I, 1 v. 63) De plus il crée une diversion, une inversion plaisamment carnavalesque, dans une société esclave de l'étiquette, promenant l'ennui d'une existence privée de contenu. Il est l'éveilleur accueilli avec empressement dans un salon de pacotille ; une bouffée d'air frais dans un étouffant vase clos. Même le courtisan caricatural qu'est Oronte en apprécie la saveur, et s'il est vrai que la « vertu » d'Alceste n'a pas de place dans un monde dont la seule vertu est de plaire, elle n'en fournit pas moins le piquant qui manque à cette société.

> *La sincérité dont son âme se pique*
> *A quelque chose en soi de noble et d'héroïque*
> (IV, v. 1165-1166)

reconnaît Éliante. Alceste est d'ailleurs très mécontent du peu de cas fait de ses violences :

> *Par le sang bleu ! Messieurs, je ne croyais pas être*
> *Si plaisant que je suis* (II, 6 v. 772-773)

Il s'acharne à démonter le mécanisme du pacte social dont l'harmonie apparente est mensongère, ce dont personne n'est dupe ; il le retourne comme un gant pour en montrer les dessous rongés. Mais son projet belliqueux est un projet impossible car sa sincérité ne saurait faire échec à un monde dont l'hypocrisie est la seule monnaie courante. Il reste donc un enfant terrible dont les coups de griffe sont simples chatouillements. Il se réduit à un rôle comique parce qu'il s'escrime contre des moulins à vent ; parce qu'il se leurre sur son désir qu'il veut réformateur et qui n'est que tyrannique. Sa passion pour Célimène le rend tributaire de ce salon qu'il a en horreur. En réalité il donne l'occasion au monde de rire tandis qu'il est le seul à se prendre au sérieux. Dès lors le ver qui ronge la comédie du *Misanthrope* est ailleurs. Enfoui dans un personnage qui d'ordinaire n'est pas prévu dans la distribution comique et dont personne ne s'aviserait de soupçonner le caractère subversif, et ce personnage est Arsinoé.

Arsinoé se dit l'alliée d'Alceste. Elle s'offre à lui sans la moindre équivoque lorsqu'elle lui déclare :

> *Et si, pour d'autres yeux [votre cœur] peut brûler*
> *On pourra vous offrir de quoi vous consoler*
> (III, 5 v. 1131-1132)

D'ordinaire les alliés du personnage carnavalesque sont traités avec le sérieux qu'ils méritent par les « Autres », en ce qu'ils représentent une menace réelle. Pour avoir raison de la résistance d'Argan, Toinette commencera par se débarrasser de Béline et des autres imposteurs à la solde du malade imaginaire. Mais le spécificité d'Arsinoé n'est pas seulement de servir de repoussoir à Célimène et à ses amis, elle est avant tout dédaignée par Alceste et partant négligeable. Et alors qu'en apparence le discours dramatique de la pièce porte sur le heurt d'une société organisée et d'un transgresseur turbulent, un personnage en coulisses trahit le consensus général et prépare l'explosion finale. Alceste fait assez d'éclat pour que l'action d'Arsinoé passe inaperçue jusqu'au moment où, pris d'assaut, le salon se décompose irrévocablement. La débâcle explique que le baisser du rideau au V<sup>e</sup> acte ne coïncide pas avec le dénouement ordinaire des comédies de Molière mais tranche la pièce in *medias res* sans parler de l'équivoque qui en résulte. Le carnaval heureux de la comédie traditionnelle a été subrepticement compromis par l'ennemi que personne ne redoutait. Arsinoé, d'un coup de pouce, a fait voler aux éclats le salon-bonbonnière si précautionneusement protégé.

Mais si le coup de grâce d'Arsinoé affecte la pièce dans sa structure narrative, la nature du personnage affecte la comédie dans son essence même. D'ordinaire les défenseurs de l'« ordre » comique ont beau jeu de neutraliser le héros en proie à son illusion. En revêtant son masque, ils le défont sur son propre terrain, soit en l'éliminant, soit en s'associant à son carnaval. Arsinoé n'appartient pas au monde du masque. Elle se définit par sa haine et seule la vengeance a des chances de l'assouvir. Or, ni la haine, ni la vengeance n'ont de place dans la comédie. Elles sont au contraire partie constitutive du monde tragique. Le trait

dominant d'Arsinoé est l'amertume de la femme
vieillissante. Ce trait la place dans une catégorie
« humaine » embarrassante pour une réalité où
seule la jeunesse a droit de cité. Célimène, qui
excelle dans l'art du portrait, fait d'elle cette
charge féroce qui serait poignante si elle n'était pas
méchante :

> *Son triste mérite abandonné de tous*
> *Contre le siècle aveugle est toujours en*
> *courroux*
> *Elle tâche à couvrir d'un faux pouvoir de*
> *prude*
> *Ce que chez elle elle on voit d'affreuse solitude*
> (III, 3 v. 859-862)

Abandonnée de tous, Arsinoé n'a donc rien à
perdre et peu lui chaut si elle fait exploser un
monde hostile. Dès lors, au lieu d'un affrontement
traditionnel entre le bouc-émissaire comique et les
« Autres », on assiste dans *Le Misanthrope* à un
corps à corps inégal entre personnages qui semblent appartenir à la même espèce. Cependant,
l'exécution verbale de Célimène ne peut rien contre l'action directe d'Arsinoé. Une fois le contrat
social trahi, l'harmonie sous-jacente du monde
comique est livrée à l'anarchie. Le dénouement
n'assure pas la victoire des « Autres »[2] sur l'aliéné
et c'est le mécanisme comique tout entier qui
s'enraye. Jacques Guicharnaud parle de l'anéan-
tissement du rôle (d'Alceste) par la pièce. (492). Je
vois davantage une pièce qui s'arrête de fonction-
ner normalement parce que les règles du jeu ont
cessé d'être respectées. Seul le démasquage/décou-

ronnement du héros comique/carnavalesque est
fidèle au rite de la comédie. Ici, par la faute d'Arsinoé, tous les voiles ont été levés, tous les moi mis
à nu. *Le Misanthrope* est une pièce sans dénouement véritable, une comédie éclatée en pleine
représentation aboutissant à une réflexion sur la
nature du comique.

Molière qui à ses débuts avait rêvé de jouer des
tragédies, a réussi, dans *Le Misanthrope*, à ébranler la sécurité illusoire de l'univers de la comédie[3].

NOTES

1. C'est ainsi que Dom Louis refuse avec hauteur
l'offre de Dom Juan de s'asseoir.

2. Selon la thèse de R.J. Nelson dans son chapitre
sur Molière (*Play within a Play*), toute comédie de
Molière assure la victoire des « Autres » sur le héros
aliéné (73), et ces autres sont tous ceux qui luttent contre l'autorité du héros comique.

3. *Dom Garcie de Navarre* suit la courbe inverse :
la pièce commence comme une tragi-comédie et se
dénoue en comédie.

# GEORGE DANDIN,
## un personnage comique
## malgré lui*

* paru sous forme d'article dans *Les Lettres Roma-nes*, t. XXXVI, 1982.

D'entrée de jeu, la pièce fait songer à une fable édifiante, une manière de « Lehrstück » brechtien, pour reprendre la définition de B. Dort dans son « Dandin en situation » (30). Au lever du rideau, George Dandin médite tristement sur ses déboires conjugaux ; chacun des trois actes qui composent la pièce s'achève par un soliloque au cours duquel l'époux bafoué tire la leçon des affronts subis.

Tranchant les discussions sur la nature de l'œuvre, et prenant pour appui la mise en scène de R. Planchon, B. Dort résume la pièce en ces termes : « Dandin, paysan enrichi, a épousé une demoiselle. Ce faisant il a trahi sa classe, il s'est trahi lui-même en tant que bourgeois. Toute la pièce nous en montre les suites. Rien de plus, rien de moins » (30). Mais c'est prêter à Molière des intentions de moralisateur auxquelles la critique actuelle tend à renoncer. Voudrait-elle y souscrire encore, il serait difficile d'admettre que seul Dandin parmi les personnages de marque de la comédie moliéresque en fasse l'objet, que seul, de tous les types de ce théâtre, il possède une lucidité qui le rende apte à faire face à sa méprise, à en subir les conséquences avec l'amertume de celui qui sait et qui de ce fait échapperait automatiquement à la catégorie des personnages comiques convention-

nels. Car ce qui distingue avant tout du héros tra
gique le personnage comique, c'est la vision mono
lithique d'une manie comique chez l'un et la vision
polyvalente d'une folie tragique chez l'autre[1]. (*Nel
son*, 62-75). C'est la méconnaissance de soi du per
sonnage de comédie à côté de la lucidité doulou
reuse du héros de tragédie. Si *George Dandin* était
une réflexion sur les répercussions d'une erreur
le personnage central prendrait automatiquement
une coloration tragique. Or, dans la majorité de ses
pièces, Molière expose le mécanisme d'une manie
d'une déraison, la dynamique d'une aliénation
obsessionnelle qui par définition s'ignore. La
démarche dramatique de l'œuvre découle du heurt
de cette monomanie aveugle avec une harmonie
de base qui sous-tend toute comédie de Molière
Cette harmonie n'a pas de valeur absolue ; elle
obéit à une convention sur laquelle la comédie
s'articule. Ainsi les blondins sont faits pour aimer
et être heureux aux dépens des barbons tyranni
ques (*L'école des femmes*). Un héritage doit échoir
aux membres de la famille et non aux imposteurs
(*Tartuffe*). Les hiérarchies sociales sont faites pour
être respectées sous peine de ridicule (*Le Bourgeois
Gentilhomme*). La noblesse a des devoirs qui doi
vent être accomplis (*Dom Juan*). La vie en société
repose sur une morale de comportement qu'il est
dangereux d'enfreindre (*Le Misanthrope*). Le code
qui régit implicitement l'univers de la comédie est
perturbé par le personnage comique le temps de
la pièce, mais il est rétabli miraculeusement dans
le dénouement. Il est vrai que le dénouement
assure la défaite ou la neutralisation de l'élément

dévastateur qu'est le maniaque, mais celui-ci n'a
subi aucune métamorphose, il a été seulement
rendu inoffensif pour son entourage. Orgon, dans
*Tartuffe,* n'a rien perdu de son extrêmisme tyrannique, mais lui-même et ses victimes ont été tirés
d'embarras. Tartuffe, de son côté, n'a pas changé,
il a été mis hors de combat. Argan, le « malade imaginaire », et M. Jourdain, le « bourgeois gentilhomme », sont tous deux engloutis par le carnaval,
d'autant plus efficace que le personnage comique
ne distingue pas entre apparence et réalité.
Dom Juan est exécuté sans s'être repenti. Arnolphe pleure Agnès mais la leçon infligée ne lui aura
servi à rien. Harpagon renonce à ses prétentions
sans prendre conscience de son mal et Alceste reste
égal à sa fixation du début de la pièce et jusqu'au
baisser du rideau.

La spécificité des maniaques du théâtre de
Molière est précisément leur incapacité ontologi-
que de discerner d'une manière clairvoyante ce qui
les concerne. Nous savons que les grandes pièces
de Molière sont une variation permanente sur le
thème du conflit entre deux forces antinomiques.
Ramon Fernandez[2] montre comment le personnage
opiniâtre chez Molière, qui fonctionne en dépit de
tout bon sens, finit par être écrasé par les forces
naturelles.

Apparemment doué d'un regard double, Dandin serait donc une exception dans l'univers comique du théâtre de Molière. En réalité, il n'en est
rien. La pièce ne traite pas des conséquences de
l'erreur fatale commise par Dandin par le passé.
Fidèle à son modèle paradigmatique, la pièce

déroule la dynamique d'une aliénation comique, et c'est I.P. Han, dans ses « notes pour la mise en scène de *George Dandin* »[3], qui donne, me semble-t-il, la clé de la pièce lorsqu'il déclare que « ce qui importe avant tout à Dandin c'est d'être reconnu (même cocu, surtout cocu) par les autres [...] c'est cette recherche éperdue de reconnaissance qui le perd ». Que cette recherche ait pour point de départ un événement antérieur à la pièce ne présente aucun intérêt pour le spectateur. Ce qui dans la pièce se joue, ce ne sont pas les suites fâcheuses d'un acte, mais les mésaventures d'une erreur comique présentées dans leur rigueur mécanique répétitive. Les réflexions amères de Dandin expliquent qu'on ait pu lui accorder une dimension tragique, mais ces réflexions même soulignent son identité comique : Dandin cherche désespérément à être reconnu[4]. A défaut de mieux il se contentera d'être mortifié, c'est-à-dire cocu. Il lui faut une identité à tout prix, fût-elle négative, mais il va de soi qu'il ignore lui-même l'énormité de son désir. Il a beau répéter : « Tu l'as voulu George Dandin », il croit méditer sur son sort et tout son comportement contredit sa supposée sagesse. Alceste est un tyran qui se prend pour un réformateur (*Guicharnaud*). De même Dandin se trompe sur son propre compte : son erreur comique ne réside pas dans la folie des grandeurs, antérieure à la pièce, mais dans son obstination à faire prendre ses lamentations au sérieux. « O ciel, s'écrie-t-il, seconde mes desseins et m'accorde la grâce de faire voir aux gens qu'on me déshonore » (II, 8). Or, *nolens volens,* Dandin est happé dans le piège comique de la pièce. Les trois actes reprennent férocement, dans un mouvement ternaire, presque identique à chaque acte, une tentative du protagoniste, toujours déjouée, de se faire prendre en flagrant délit de cocuage. Tout se passe comme s'il luttait pour transformer la comédie en drame, mais la comédie résiste. La reconnaissance par autrui de son avilissement accorderait au malheureux une sorte d'identité à rebours que précisément lui refuse le milieu dans lequel il s'est fourvoyé.

Cette situation particulière de Dandin dégage la pièce des limites socio-historiques où l'a confinée Paul Bénichou selon qui « L'infortune conjugale d'un roturier marié à une demoiselle et éclipsé par un jeune courtisan y est représentée comme une chose naturelle, éminemment divertissante. On peut trouver le fait déplorable et immoral mais Molière ne s'est visiblement pas intéressé à cet aspect de la question ». (*Bénichou,* 290). Loin de se restreindre à un comique soumis à des conventions sociales plongées dans l'histoire, la pièce obéit à un mécanisme comique inconditionnel et intemporel. Ce n'est pas parce que nos idées sur les malheurs des roturiers ont changé que Dandin cesse de nous divertir. L'équité du châtiment est hors de propos dans la comédie. Car le comique repose à la fois sur la structure dramatique et formelle de la pièce, qui bannit toute entreprise susceptible de troubler une vision idéale d'un monde bien ordonné, inhérente au tissu comique. Si le personnage central aspire à devenir trouble-fête, il n'en reste pas moins condamné à faire rire. Il s'agit, à n'en pas douter, d'un comique coercitif et cependant réel. Dandin a beau se débattre, il ne sera pas cocu dans la spécificité existentielle de la pièce. Trois confrontations entre Dandin et les « Autres » se dénouent au détriment du plaignant. Il demande à faire éclater la vérité mais la vérité n'est pas critère de la comédie. Celle-ci repose sur une règle de jeu. Les témoins se recommandent d'un code établi pour les besoins de la comédie. Et dans la comédie *George Dandin,* la réalité est proscrite, ou plutôt la parole se substitue au fait, dans un univers social tout entier bâti sur l'apparence. Dès lors, la parole d'un gentilhomme écrase la foi de Dandin. L'époux invoque la voie de fait, les Sotenville, autorité suprême dans la pièce, se réfèrent à la parole d'honneur de Clitandre (Acte I, 5). Une des erreurs de Dandin est d'avoir brigué les honneurs de la noblesse et d'en avoir ignoré les règles. Angélique, sa femme, agit en conformité avec les conventions ; c'est pourquoi elle réussit à éviter les guet-apens que lui tend son mari. On dirait qu'il y a corps à corps entre le faiseur de comique (Molière) et un personnage récalcitrant qui essaie de rompre les barrages de la comédie. Heureusement pour la joie du parterre, il échoue. Il s'obstine à prouver que tout va mal, cependant tout va pour le mieux dans la meilleure des conventions de la comédie. Il y a consensus d'harmonie préétablie par les « Autres », et c'est à partir de cette harmonie que la pièce se joue. Et ce sont précisément les « Autres » qui tracent la ligne normative de toutes les pièces de Molière.

La différence essentielle entre la comédie *George Dandin* et d'autres comédies de Molière est que, d'ordinaire, les « Autres » ont la faveur du public, blondins, jeunes filles ou jeunes femmes, frères, beaux-frères, servantes et valets. Dans *George Dandin*, les « Autres » sont pour le moins aussi peu attachants que le protagoniste aliéné. La perspective d'ensemble n'en est pas modifiée, mais la catharsis comique devient impossible, puisque, quelle que soit l'issue du conflit, le spectateur, n'ayant pas de favori, risque de rester indifférent. Tous les personnages sont fourbes dans cette pièce : l'idolâtre, mais aussi l'idole. Dès lors nous assistons à un spectacle basé sur une double déri-sion. Tandis que les autres monomaniaques du théâtre de Molière : Jourdain, Orgon, Harpagon, etc. sont des idolâtres repus de leur divinité, George Dandin révère un dieu dont il reconnaît la vanité. Si les Sotenville sont tournés en dérision, les autres personnages sournois et menteurs ne valent guère mieux.

Peu dans cette comédie subsiste du monde à l'envers de la licence carnavalesque, de la liberté débridée ; rien n'y subsiste du mythe du printemps où triomphe l'éternelle beauté, l'éternelle jeunesse et la pérennité des sentiments. Les « jeunes » de *George Dandin* font davantage appel à la cruauté du spectateur qu'à sa tendresse ; à ses instincts démoniaques plutôt qu'à son désir d'onirisme. Cette comédie rosse est plus proche du grotesque de l'absurde que de l'harmonieux.

Cependant, il ne faut pas oublier que dans l'univers théâtral de Molière, ce qui importe c'est non pas de faire triompher le vrai et l'équitable, mais de faire respecter la règle du jeu. Celui qui

manque à cet impératif inconditionnel est nécessairement pris en défaut, donc comique. La morale
est absente du monde moliéresque comme de toute
comédie traditionnelle. La morale s'appuie nécessairement sur une notion de péché et en cela elle
appartient au monde de la tragédie. Or, ce qui,
dans la comédie, permet de faire triompher le blondin sur le barbon, c'est apparemment la méconnaissance du péché du fils contre le père[5]. L'univers
de la comédie rejette toute considération du bien
et du mal. Ce n'est pas le bien qui est victorieux
dans le dénouement de *Tartuffe,* il se trouve sim-
plement coïncider avec l'ordre.

Dans cette perspective, George Dandin obéit
malgré lui à la loi du genre ; loin d'être un personnage de drame social, il occupe une place légitime
auprès d'autres maniaques carnavalesques du
répertoire comique de l'œuvre de Molière.

## NOTES

1. Dans son essai sur Molière, R.J. Nelson souligne
le regard unilatéral du héros comique moliéresque, exclusivement tendu vers l'objet de son désir (p. 70).

2. R. Fernandez, « Molière » dans *Tableau de la littérature française de Corneille à Chénier,* Gallimard,
1939.

3. Dans *Europe,* numéro spécial : *Gloire à Molière,*
1973. Pour le tricentenaire de sa mort, nov.-déc. 1972,
p. 170.

4. L. Gossman fait du désir de reconnaissance par
autrui du héros moliéresque la thèse de son livre. *Men*

*and Masks, a study of Molière,* Baltimore, Johns Hopkins press, 1963.

5. C'est la thèse de Ludwig Yekels dans « On the psychology of comedy » (« Zur Psychologie der Komödie ») (dans *Tulane Drama Review,* II, n° 3, May 1958 (l'article date de 1929). Charles Mauron en fait cas dans *La Psychocritique du genre comique.*

# M. Jourdain
## meneur de jeu dans
## *LE BOURGEOIS*
## *GENTILHOMME**

* *paru sous forme d'article dans H.S.L.A., t. 12 —*
n° 3 — 1984.

A la différence des autres grandes comédies de Molière, *Le Bourgeois Gentilhomme* a rarement fait l'objet d'une controverse, voire d'une étude approfondie de la part des professionnels de la littérature et du théâtre. Jouée régulièrement, la pièce intéresse les metteurs en scène pour ses effets comiques garantis par le personnage central devenu archétype du genre. Les parvenus tournés en dérision ont toujours et partout joui d'une fortune égale, et l'éclat de rire de Nicole à la vue de son maître déguisé en gentilhomme se communique par rafales irrésistibles à tous les publics du monde. Comédie sans ambiguïté et d'une gaîté fondamentale indiscutable, *Le Bourgeois* résiste aux traitements hétérodoxes infligés parfois à juste titre à d'autres chefs d'œuvre de Molière — *L'École des femmes, Tartuffe, Dom Juan, George Dandin, L'Avare, Le Misanthrope* et *Le Malade imaginaire* — par critiques et hommes de théâtre. Chacune de ces pièces peut offrir le spectacle d'une comédie désopilante ou d'un drame affligeant voisinant avec la tragédie, selon qu'on percevra les monomaniaques aliénés du répertoire en bouffons ou en maudits ; en excentriques ridicules ou en individualistes incompris ; en pantins falots ou en êtres de chair et de sang. Ce qui autorise souvent le glis-

sement du type comique unidimensionnel à un
acteur dramatique complexe est un trait commun à
bien des héros moliéresques : l'erreur comique. Jacques Guicharnaud remarque que la caractéristique
d'Alceste et d'ignorer la structure de son moi.
(345-517). Or il suffirait que l'inconscience
devienne lucidité, pour que la manie se transforme
en déchirement, que le personnage prenne une
coloration tragique. Molière, il est vrai, le condamne au comique au nom d'une convention, mais
celle-ci risque de faire entrevoir une réalité rica-
nante qu'un simple rideau sépare de la scène comique avec la complicité du spectateur. (Voir à ce
propos *Gouhier*, 204-257). Au metteur en scène
d'écarter le rideau pour ouvrir une perspective
nouvelle. En revanche, aucun esprit chagrin ne
saurait altérer la bonne humeur du *Bourgeois Gentilhomme*. La convention y est sans équivoque, on
n'y trouve ni excentrique brimé, ni tyran inas-
souvi, M. Jourdain est en accord irréductible avec
son idée fixe — désir de noblesse. La comédie est
limpide, conforme aux règles, elle s'articule autour
d'un noyau narratif traditionnel : un jeune couple
amoureux se heurte à la manie d'un personnage
qui sème le désordre, qui installe « carême prenant » dans sa maison, risquant de coûter le bonheur de toute une famille. Heureusement, grâce à
la ruse d'un domestique, le danger est écarté et
l'aventure aboutit au dénouement à la joie universelle. Cette joie est bien sûr celle du blondin et de
son ingénue, mais aussi celle du monomaniaque qui
joue le premier rôle aux réjouissances carnavalesques de la comédie-ballet. Trait plus saillant, les

« vilains » de la pièce, Dorante et sa complice, qui d'ordinaire subissent le sort cruel réservé aux imposteurs (tels que Tartuffe et ses avatars), bénéficient, dans l'apothéose finale du *Bourgeois,* de la grâce accordée aux amoureux. Les domestiques, qui dans les comédies de Molière ont rarement un statut personnel, ont eux aussi dans *Le Bourgeois* leur part de gâteau. En définitive, il n'y a dans cette fantaisie ni dupeurs ni dupés, c'est une comédie heureuse, sans arrière-pensée accablante, un songe intact sans réveil possible, un paradis sans péché originel.

On peut soutenir que la réalisation du projet de cette comédie intégrale est due en premier lieu à la construction très particulière de la pièce qui déjoue pour notre bonheur toute tentative d'en entraver le cours. La composition du *Bourgeois* n'a pourtant pas été épargnée par la critique : on lui reproche les maladresses d'une écriture hâtive. Pièce en cinq actes, on lui fait grief de traîner pendant deux actes, et de n'amorcer l'intrigue qu'au troisième. René Bray va jusqu'à qualifier *Le Bourgeois* d'« ouvrage fait de sketches mal cousus l'un à l'autre ». (*Bray,* 175). Or c'est précisément les deux premiers actes qui font, me semble-t-il la nature exceptionnelle du *Bourgeois Gentilhomme*.

La pièce se déploie sur deux plans spatiaux : un espace, à l'avant-scène dans les limites duquel l'intrigue se noue à partir du troisième acte — depuis la confrontation de Jourdain/gentilhomme avec la servante au rire fou, et jusqu'au dénouement final du divertissement turc. Cet espace où se situe l'action proprement dite est précédé d'un espace clos qui semble appartenir à une zone plus profonde de la scène, car c'est là que s'accomplit la création d'un type comique. Une telle création est d'ordinaire du domaine des coulisses, loin du regard de la salle, puisque le personnage qui se présente couramment au lever du rideau est un type achevé, doté de tous les traits distinctifs de son rôle : gestuelle, langage, costume. Dans *Le Bourgeois*, la genèse du personnage s'inscrit dans les limites mêmes de la représentation, et durant deux actes le public participe à la métamorphose d'un bourgeois en bourgeois-gentilhomme, la formation par étapes d'un histrion par les ouvriers qui en sont responsables. Le désordre qui règne et les rivalités burlesques qui mettent aux prises les différents « artistes » mettent en relief d'entrée de jeu le bon sens et l'ironie de M. Jourdain qui dans le processus de son devenir sait tirer le maximum de profit de l'enseignement, et souffrir le minimum de dégâts dans les querelles qui opposent ses professeurs entre eux. Lorsqu'enfin costumé le nouveau M. Jourdain affronte les feux de la rampe, c'est-à-dire la scène publique où Nicole est son premier spectateur, il s'annonce cérémonieusement : « que j'aille un peu montrer mon habit par la ville » (III, 1).

Dès lors le malentendu éclate car le masque n'est pas perçu du même œil par son propriétaire et les « Autres ». Ceux-ci rejettent l'histrion au nom de leur réalité et M. Jourdain se recommande d'une autre réalité, celle du songe. Grâce aux deux premiers actes on peut affirmer que M. Jourdain n'aspire pas à l'être, mais seulement au paraître.

Il n'y a pas de confusion possible pour lui, la scène avec les garçons-tailleurs en témoigne largement. Pour chaque titre nouveau, M. Jourdain ouvre sa bourse, et lorsque les titres cessent d'enfler, il reconnaît non sans humour : « Il a bien fait, je lui allais tout donner » (II, 5). D'un autre côté, le célèbre « Hi, hi » de Nicole fuse parce que Nicole ne reconnaît pas l'authenticité du costume, qui pour elle comme pour les autres fausse la réalité irréductible du bourgeois, fils de bourgeois. Molière nous avait habitués dans toutes ses comédies au duel entre la « réalité » scénique et l'univers-illusion du personnage aliéné. Dans la plupart des pièces, la réalité des autres personnages est le critère du bien et la règle du jeu de la comédie. C'est à elle que les « Autres » essaient de ramener l'élément perturbateur d'ordre en le mettant hors d'état de nuire, pour assurer le « happy end » à la pièce. Arnolphe, Orgon, Dom Juan, George Dandin, Harpagon et Alceste sont agents destructeurs, et la société scénique les sanctionne en les privant de leur autorité, de leur pouvoir de mal faire. Dans *Le Bourgeois Gentilhomme*, Molière semble avoir adopté une optique à l'envers, une vérité à rebours, celle de l'apparence pour critère du bien, celle que M. Jourdain crée dans les deux premiers actes de la pièce. On observe une situation semblable dans les premiers actes de *Dom Juan* lorsque la règle du jeu est aux mains du héros, mais Dom Juan a le tort par la suite de vouloir transformer son carnaval en réalité et ainsi il tombe dans la souricière que les autres lui tendent[1]. A cet égard, la supériorité du bourgeois tient à l'équili-

bre du personnage qui dit non aux pièges tendus
par les défenseurs du réel. M. Jourdain joue au
gentilhomme comme Éliza Doolittle, la petite fleu-
riste illéttrée de Londres, jouera à la grande dame
fabriquée par l'habileté du professeur Higgins.
Mais, parce que Pygmalion a trop bien réussi sa
Galatée, celle-ci exige de devenir une personne. Le
paraître ne lui suffit plus, elle aspire à l'être au sens
hégélien ; après son succès de rôle elle revendique
une âme — et c'est là son drame. M. Jourdain a le
flair, la clairvoyance de se contenter du trompe-
l'œil, grâce à quoi il impose la règle du jeu de la
pièce. Lorsque Covielle propose d'attirer le « fou »
dans une mascarade, pour le réduire à la merci des
siens, il se trouve entraîné dans un carnaval dont
le meneur de jeu est M. Jourdain et c'est lui qui
attire les « Autres » dans *sa* réalité. Mamamouchi
s'ajuste parfaitement à son désir, il n'aura pas le
ridicule de lui réclamer des lettres de créance. Il
coïncide avec le personnage qu'il veut devenir et
ce sont précisément les autres, trop récalcitrants,
comme M^me Jourdain, qui risquent de mettre en
danger l'édifice du bonheur. Heureusement, tout
finit bien et M. Jourdain entraîne allègrement son
entourage à sa suite dans un univers en bulle de
savon. Le personnage au masque de Mamamouchi
a autant droit de cité dans la comédie que
n'importe quel autre marquis à perruque poudrée.
Il va de soi que la société normative où « sévit »
M. Jourdain n'applaudira qu'au noble de souche
et tournera en ridicule un parvenu, mais l'univers
de la comédie, s'il est normatif, ne l'est pas nécessairement, on l'a vu, à l'unisson avec celui de la

salle. Chaque pièce a sa règle du jeu propre. Dans
*Le Bourgeois Gentilhomme,* en enfilant le masque
à bon escient, le héros opte pour l'histrion et
renonce à l'humain. L'âme dont se recommande
Éliza Doolittle est ici hors de propos. La comédie
est un monde à l'envers, un carnaval où le bouffon est roi — ou Mamamouchi. Personnage carnavalesque par excellence, M. Jourdain choisit son
illusion contrairement au Malade imaginaire à qui
on impose l'intronisation ultime pour sauver la
comédie du désastre, pour éviter un dénouement
qui la nie. Le bourgeois/gentilhomme est adapté à
son univers dans les limites de la scène, dans un
présent refermé sur lui-même. Voilà ce qui semble être le message comique du *Bourgeois Gentilhomme,* mais est-ce le seul que la pièce nous
adresse ?

   Il est acquis que Molière pouvait se moquer
impunément d'une de ses cibles favorites : les
bourgeois. Il ne courait aucun risque, il avait les
rieurs pour lui, les nobles, ceux qui le protégeaient
et faisaient les recettes de ses pièces, (voir le chapitre sur Molière dans *Bénichou*). Mais Molière
raille-t-il M. Jourdain ? Grâce à la spécificité de la
composition du *Bourgeois Gentilhomme,* le spectateur est informé du désir de M. Jourdain de passer d'un état à un autre. Cela ne signifie pas que
le personnage se donne le change et prenne pour
réalité ce qui n'est qu'illusion. Il aspire à devenir
un personnage neuf, un bourgeois/gentilhomme.
En est-il plus bouffon ou avons-nous là un précur-
seur existentialiste désireux d'échapper à son passé
et à ses origines ? Pourquoi ne serait-il pas l'ancê-

tre du self-made man ? Les autres personnages de la pièce optent pour l'immobilité, l'encroûtement, tandis que Jourdain est un personnage libre au dynamisme contagieux, l'homme de demain. Faut-il le condamner au sort de marchand à perpétuité au nom de ses aïeux, comme le veut sa trop traditionaliste épouse. M. Jourdain a-t-il tort de dire : « j'enrage que mon père et ma mère ne m'aient pas fait bien étudier les sciences quand j'étais jeune » (II, 4) ? La pièce est certainement un défi aux vertus bourgeoises mais plutôt, me semble-t-il, à celles qui sont défendues avec tant d'âpreté par le camp dit raisonnable. Il est évident que pour le spectateur du temps de Molière, M. Jourdain n'a d'autre droit que celui d'être ridicule. La légitimité est jalousement gardée par le marquis qui au siècle de Louis XIV n'a plus que son titre à faire valoir, et Mamamouchi est un imposteur. Mais à y regarder de près, sont-ils très différents l'un de l'autre ? Déjà dans *Les Précieuses ridicules*, Mascarille reçoit une pluie de coups de bâton de son maître pour l'avoir trop fidèlement imité[2]. La morale des pièces de Molière est si ambiguë, si difficile à délimiter parce qu'il n'y a dans son univers comique de place ni pour le Christ, ni pour Satan. Mais un fait est incontestable : dans *Le Bourgeois Gentilhomme* souffle un frais vent de liberté aux dépens du mouvement traditionaliste prétendant cloîtrer le rebelle dans sa coquille déterministe.

Une telle vision de la pièce paraît-elle trop moderne ? Elle servirait peut-être à dépoussiérer une œuvre qui, à force d'être représentée dans l'esprit identique à celui où elle fut créée il y a plus

de trois cents ans, risque d'en faire oublier l'immor-
telle jeunesse.

## NOTES

1. Voir le Chapitre sur *Dom Juan*.
2. Je reprends l'idée de M. Gutwirth (30).

# La mort en sursis dans
# *LE MALADE IMAGINAIRE**

* Article paru dans la *Revue d'Histoire du Théâtre*, 1983-3.

La représentation de la mort n'est pas une exclusivité du théâtre tragique. Elle peut, sans scandale, occuper une place légitime dans le théâtre comique. Mais, tandis que dans la tragédie mort et dénouement coïncident fréquemment dans une même affirmation de l'irréversibilité de la condition humaine, à travers l'éclairage de la comédie, en revanche, la mort revêt une forme efficacement bénéfique. Dépouillée de son aspect stéréotypé, vidée de son contenu d'irrévocable, la mort, dans la comédie, n'est jamais présente lorsque la pièce s'achève puisque le dénouement comique consacre par définition le triomphe de la vie, de l'illusion, de la jeunesse. Domptée, désacralisée, tournée en dérision, cette mort simiesque est donc inoffensive, voire désirable à condition qu'elle fournisse l'outil nécessaire pour écraser tout ce qui est triste, vieux et décrépit au profit de la jeunesse, de la beauté, de l'éternel printemps. Déjà présents dans la comédie latine, stigmatisés par les Pantalons de la Commedia dell'arte, les Géronte du théâtre de Molière — les trouble-fête aux membres grêles et à l'échine courbée sont des pantins burlesques interdits d'humanité ; qu'il faut éliminer en vertu du bien commun et l'amour ; qui pour la tranquillité d'âme et de conscience des spectateurs ne ressentent pas les coups qui leur sont infligés. C'est ainsi que le Géronte des *Fourberies de Scapin,* quoique assommé à coups de bâton dans le sac où il est enfermé, ne fait à aucun moment songer à un pauvre vieillard qu'un barbare achève dans une extériorisation de violence[1]. Ni la mort, ni la souffrance, son corollaire, n'ont dans l'univers comique leur résonance ordinaire. Car, dans la fête populaire qu'est le carnaval, modèle de la comédie de Molière, « la mort est suivie de la résurrection, de l'an neuf, de la nouvelle jeunesse, du nouveau printemps » (*Bakhtine,* 199). La vieillesse, la décrépitude et la mort s'inscrivent dans bien des comédies de Molière, mais leur expression est conforme à l'orthodoxie comique. Arnolphe et Harpagon sont avant tout des despotes malveillants abusant de leur autorité, et que la justice exige de réduire à l'impuissance pour les empêcher de nuire et de transgresser la norme proposée par la comédie. Dans un autre ordre, George Dandin est assez bouffon pour que ses menaces de suicide soient couvertes par les clameurs du rire. Les propos alarmants d'amertume réelle, génératrice d'angoisse, sont étouffés par la bonne humeur de l'ensemble. Dans le monde à l'envers de la comédie, la mort ne saurait avoir plus de réalité que la vie.

*Le Malade imaginaire* semble être à cet égard une exception troublante. En fait, cette comédie-ballet fait songer à une danse macabre. Les circonstances tragiques qui se rattachent à la création de la pièce ne sont pas étrangères à cette vision de l'œuvre, on l'a souvent remarqué. Mais, moins, peut-être, parce que la représentation du *Malade* coïncide avec la mort de son auteur comme on a coutume de penser, davantage parce que Molière, très certainement conscient de la gravité de son état, a laissé éclater dans la comédie toute la dimension de son angoisse[2].

D'apparence, la pièce obéit à un mécanisme commun à bon nombre de comédies de Molière. Rappelons que *L'École des femmes*, *Tartuffe*, *L'Avare*, *Le Bourgeois gentilhomme* et *Les Femmes savantes* ont pour schéma dramatique un affrontement entre deux forces antinomiques : une volonté aliénée menaçant l'ordre prévu par la comédie et une volonté normative déterminée à préserver l'équilibre coûte que coûte. Le dénouement assure nécessairement la victoire aux défenseurs de l'ordre, cependant cette victoire est remportée de haute lutte car l'agent perturbateur détient un pouvoir absolu que seule la ruse déployée par l'adversaire parvient à tenir en échec. Au niveau de l'intrigue, c'est un corps à corps entre l'autorité abusive d'un père ou d'une mère et les intérêts d'un couple d'amoureux souvent favorisés par l'amitié active des domestiques et/ou de parents sensés. Que le tyran maniaque agisse seul comme Arnolphe ou avec l'aide de complices — mauvais génies — comme Orgon, il est certain que les particularités de chaque pièce s'articulent sur des données parfaitement conventionnelles.

Le canevas apparent du *Malade imaginaire* est conforme au modèle-robot : Argan, père aliéné, soutenu par sa femme Béline et une horde de gens de médecine dans son obsession de maladie, entrave l'amour entre sa fille Angélique et son fiancé Cléante. Ceux-ci ont par bonheur pour gardiens astucieux la servante Toinette et l'oncle Béralde. Or, on s'aperçoit dès le lever du rideau que le rapport des forces habituel est inversé. Argan n'est pas l'homme craint auquel nous avait habitués Molière mais au contraire un jouet impuissant entre les mains des autres personnages. En réalité, dans une manière de ballet, les choses se jouent en dehors d'Argan et à ses dépens. Il est écrasé simultanément par des êtres ivres de jeunesse, — ignorant dans leur santé éclatante l'affreux hypocondriaque, — et une armée d'oiseaux de proie qui s'abat sur lui. L'abandon d'Argan et sa solitude extrême sont d'entrée de jeu indiqués dans la première scène de la pièce[3]. Argan est seul sur le plateau. Personne ne se soucie de le présenter au public. D'ordinaire le protagoniste du théâtre de Molière est présenté aux spectateurs avant son entrée en scène par les autres personnages de la pièce. Plus rarement il paraît suivi d'un autre personnage qui essaie de lui faire entendre raison. Dans les deux cas il est évident que tous les regards son braqués sur celui qui est d'autant plus dangereux qu'il est puissant. Dans *Le Malade imaginaire,* Argan, le premier, jette un regard sur le monde hostile qui se désintéresse de lui, qui lui tourne le dos[4]. Il est à l'abandon, cloîtré dans l'étroit univers de son obsession de malade. Michel Bouquet, dans la version télévisée de la pièce, intériorise la voix du personnage replié sur lui-même qui apprivoise sa terreur en la traduisant en chiffres d'apothicaire. Il se donne du cœur en traitant l'apothicaire de haut. Or l'apothicaire est le substitut du médecin qui décide de la maladie d'Argan, autrement dit, de sa vie. Par conséquent, par voie détournée, le malade devient grâce aux louis d'or lui-même maître de son sort, mais en même temps Molière suggère sa réclusion et son exclusion du reste du monde. La maladie le diminue et lui ôte tout prestige. Son « Drelin, drelin » est à la fois l'expression de son exaspération et de son désespoir et la scène s'achève par un véritable cri d'angoisse : « Ah mon Dieu !, ils me laisseront mourir ». En vérité, quoique riche, Argan est entièrement à la merci d'autrui et « les Autres » ne l'ignorent pas. La lenteur avec laquelle Toinette répond à son appel souligne le peu d'autorité que le bonhomme exerce dans sa propre maison. Angélique et Cléante flirtent à sa barbe et sa femme se cache à peine pour le dépouiller de sa fortune. Mais sa faiblesse se révèle particulièrement vulnérable au contact d'un personnage inédit dans le théâtre de Molière : sa petite fille Louison. Par nature l'enfant est synonyme de fragilité et de dépendance. Il l'est davantage au siècle de Molière où l'enfant n'a pas encore acquis de droits, où légalement il n'est rien. C'est pourtant Louison qui s'avise de tourner en bourrique ce père chétif, plus faible qu'elle. Le bonhomme a beau proférer des menaces il n'en impose à personne. Non seulement la considération est contestée à Argan, mais Molière insiste sur sa débilité corporelle. Le moindre mouvement lui est une entreprise. Dans la scène 2 de l'acte II, Argan s'inquiète si la promenade que lui a prescrite le médecin doit se faire en long ou en large. La scène

est avant tout comique, mais en sourdine s'impose
la conscience de ce que chaque geste peut coûter
d'effort et prendre d'importance dans le cas d'un
malade[5], d'autant plus sensible qu'il est en proie
à la terreur de la mort. Cette terreur, R. Garapon
l'a noté, explique le saisissement du malade à la
vue de Louison simulant la mort, de même qu'il
n'ose pas lui-même contrefaire le mort. Contre
l'angoisse de la mort qui le harcèle, « cet homme
vieillissant [...] a trouvé le merveilleux refuge de la
maladie et de la médecine qui vainc la maladie et
donc retarde indéfiniment la mort » (*Garapon*,
18).

C'est dans cette lutte contre la mort par le bou-
clier de la maladie qu'apparaît un phénomène rare
dans le théâtre de Molière : nous sommes accou-
tumés de voir s'affronter bons et mauvais génies
autour des protagonistes de la pièce. Les bons
génies sont les domestiques et des parents raisonneurs. Les uns et les autres s'ingénient à faire
recouvrer ses sens au maniaque roulant à la dérive
de son idée fixe et entraînant d'autres avec lui. Les
mauvais génies, marâtres ou faux amis, parce qu'ils
y trouvent leur compte, encouragent l'aliéné dans
sa folie. Au moment du dénouement, lorsque
l'ordre est rétabli, les mauvais génies sont élimi-
nés pour le bonheur du jeune couple et le salut du
maniaque. Le cas de *Tartuffe* est exemplaire : le
départ du faux dévôt ne modifie pas la nature profonde d'Orgon, mais le sauve des conséquences de
sa folie. Il est établi que les mauvais génies agis-
sent au détriment de leur victime consentante. A
cet égard *Le Malade imaginaire* échappe une fois

de plus à la règle. Les traditionnels mauvais génies qui devraient être Béline et les gens de médecine s'avèrent les seuls protecteurs d'Argan dans sa détresse, tandis que ses enfants, sa servante et son frère se transforment malgré eux en ennemis, attirant Argan dans le guet-apens de leur santé égoïste.

Le cas des médecins est clair comme R. Garapon l'a montré : puisque la maladie sert de palliatif, s'agrippant à son mal, Argan s'accroche à la vie. Le cas de Béline est autrement troublant. En surface, le personnage n'a qu'un rôle secondaire, surnuméraire, inutile à l'action. Quoiqu'elle ajoute des obstacles sur la route des jeunes gens, elle ne modifie en rien le fond du problème : la maladie imaginaire ou la folie d'Argan. Mais dans la structure profonde de la pièce, c'est précisément Béline qui joue le rôle déterminant dans le duel d'Éros contre Thanatos. Elle représente pour Argan simultanément la protection maternelle et la Libido. A l'acte I, scène 5, Argan s'écrie : « Ah ! Ah ! je n'en puis plus. Voilà pour me faire mourir ». C'est alors que paraît l'ange gardien qui appelle Argan « mon petit fils », « mon fils ». Elle a un comportement faussement maternel et Argan se blottit contre elle. Et tant que la mère protectrice est présente, l'angoisse de la mort peut être vaincue[6]. Ainsi s'explique le désir d'Argan de faire de sa femme sa légataire officielle. En léguant sa fortune à sa femme/mère, il remonte le temps à rebours, il retarde le moment fatal. Tandis qu'en laissant l'argent à ses enfants il s'abandonne à la pulsion naturelle de la mort, il cède la place à la génération suivante, il assure le triomphe de l'espèce. Il demande explicitement comment il peut « lui (à Béline) donner (son) bien et en frustrer les enfants » (I, 7). Son désir de repousser le plus possible le terme de sa vie se révèle d'autre part dans ce cri pour le moins déroutant : « Tout le regret que j'aurai si je meurs, mamie, c'est de n'avoir point un enfant de vous. M. Purgon m'avait dit qu'il m'en ferait faire un » (I, 8). Les remariages ne sont pas rares dans le théâtre de Molière, en revanche on n'y rencontre pas d'autre époux désirant un enfant, alors qu'il en a déjà de sa première femme. Il est difficile d'y voir une référence purement sexuelle, qui n'est pas nécessairement liée au désir de procréation, et à plus forte raison chez un bonhomme si exclusivement préoccupé de sa santé. Mais le docteur assurant Argan d'une nouvelle paternité, lui rend une sorte de jeunesse et éloigne automatiquement le spectre de la mort. C'est ce spectre qui revient au moment de la défection de Béline au moment où il simule symboliquement la mort. A partir de l'instant où Béline est répudiée, Argan s'abandonne au processus naturel. C'est alors qu'en éliminant Béline, « Les Autres » désarment le malheureux définitivement. Il est à la merci de sa famille liguée contre tout ce qui risque d'assombrir la bonne humeur de la jeunesse. Argan passe donc de la situation de fils/amant protégé à celle de père. « Tu es mon sang, ma véritable fille », dit-il à Angélique en guise de capitulation.

La maladie privée de sa vertu protectrice par le départ des médecins, la jeunesse perdue avec le départ de Béline, il ne reste plus à Argan qu'à se

laisser mourir. La pièce va dans le sens du dépouil-
lement de toutes les défenses. Le personnage reste
nu face à la mort. C'est cela le dénouement véritable, l'ombre de Molière mourant se découpe sur
le fond de la scène. Mais dans *Le Malade imaginaire,* tout comme dans les autres pièces de
Molière, la gaîté aura le dernier mot. Les dénouements de Molière sont des rémissions, des répits
carnavalesques qui arrêtent le temps et interrom-
pent ainsi la progression du réel. Le seul instant
privilégié où Eros remporte la victoire sur Thanatos, où la mort est conjurée, Molière le connaît pour
l'avoir longtemps fabriqué. C'est l'instant de la
comédie véritable, la revanche sur la tragédie de
la condition humaine. C'est le sursis avant que la
réalité n'envahisse la fête. Béralde dans cette pièce
en donne le signal. Il propose de « nous donner la
comédie les uns aux autres. Le carnaval autorise
cela » (III, 14). Personne n'est dupe et lorsque
Angélique demande à son oncle « quel est votre
dessein ? », Béralde répond : « de nous divertir un
peu *ce soir*[7]. Les comédiens ont fait un petit inter-
mède… je veux que nous en prenions ensemble
divertissement, et que mon frère y fasse le premier
personnage ». Ariane Mnouchkine dans son film sur
Molière, en forçant un peu la note, éclaire cette
double perspective de la comédie et du drame.
D'une part nous assistons à l'intronisation carnavalesque du médecin et de l'autre à l'agonie du personnage crachant le sang sur son trône de bouffon.
    Dans son essai sur Molière, R.-J. Nelson rap-
pelle avec raison que le ballet est à la comédie ce
que la mort est à la tragédie (75). Dans *Le Malade*

*imaginaire,* Molière a su une dernière fois esca-
moter l'implacable réalité en la dissimulant discrè-
tement dans le tourbillon endiablé de la danse.

## NOTES

1. Si le cri de Dom Juan à son père : « Eh mourez
le plus tôt que vous pourrez » provoque un malaise chez
le spectateur et ajoute à l'ambiguïté de la pièce, c'est
précisément parce que la noble stature de Dom Louis est
une infraction à la loi du comique.

2. L'analogie entre le moment de la création du
*Malade* et celui — trois cents ans plus tard — du *Roi se
meurt* de Ionesco, ne laisse pas de s'imposer à l'esprit.
Ionesco de son propre aveu a composé la pièce sous
l'impulsion de sa terreur de la mort, mais alors que *Le
Roi se meurt* est l'expression lyrique d'une situation fina-
lement assumée, *Le Malade* est l'explosion d'une détresse
dont les accents d'épouvante sont assourdis par la fan-
fare carnavalesque.

3. Les débuts des pièces de Molière sont très signi-
ficatifs. C'est là que sont posés les jalons de l'univers de
la comédie : la parade du début de *Tartuffe ;* la création
d'un type dans les premiers actes du *Bourgeois ;* la scène
du tabac dans *Dom Juan* en sont des exemples parmi
d'autres.

4. Tout comme George Dandin dont personne ne se
soucie.

5. Ionesco et Beckett font grand usage de ce procédé
dans leur théâtre, qui consiste à représenter sur la scène
le ralentissement et la dégénérescence des facultés
physiques.

6. Voir à ce propos S. Freud, « Le moi et le ça » dans
*Essais de Psychanalyse,* (trad. V. Yankélevitch), nouvelle édition, Payot, 1964.

7. Souligné par moi.

*CONCLUSION*

> *Le rire libère le vilain de la peur du*
> *diable, parce que, à la fête des fols le*
> *diable même paraît comme pauvre et*
> *fol, donc contrôlable*
>
> Umberto Eco, *Le nom de la rose*
>
> *Traduit de l'italien par Jean-Noël*
> *Schifano, Grasset 1982, p. 593.*

A suivre attentivement les articulations diverses des comédies de Molière, on s'aperçoit qu'en
dépit de la richesse de leur expression, elles assurent uniformément la triomphe de la totalité sur
la singularité, de la conformité sur l'excentricité,
de l'orthodoxie sur la marginalité. En quoi, para-
doxalement, elles renvoient à la tradition carnavalesque. Car, proposé comme une forme d'écla-
tement des structures coercitives de la réalité, le
carnaval veille à sa survie en créant d'autres structures — opposées aux précédentes, certes, mais
non moins contraignantes en ce qu'elles reposent
sur le « consensus général du peuple ». Invoquée
comme un impératif, la licence carnavalesque
même risque de prendre une rigidité de forme qui
l'apparente dans son antinomie à la règle morale
de la réalité. Dès lors, honni sera qui s'avisera de

jouir d'une liberté non institutionnalisée par le carnaval et la comédie qui emboîte le pas au carnaval.

Toute sorte de comportement contestataire par
rapport à la règle du jeu sanctionnée par l'ensemble du peuple est suspecte, et la réaction de la collectivité varie en rigueur selon la gravité de la
rébellion.

Dans le cas particulier des pièces de Molière,
lorsque le perturbateur d'ordre est tenu pour
« fou », il sera traité en douceur et les autres, les
bien-pensants, sanctionneront son carnaval illicite
en s'y associant. Ainsi s'explique la turquerie qui
clôt *Le Bourgeois Gentilhomme*, et l'intronisation
finale du *Malade imaginaire*. Alceste d'entrée de
jeu est considéré avec la même indulgence. Mais
si le sujet se rebiffe, s'il prétend être iconoclaste
comme Dom Juan, on priera cette émanation du
diable d'aller retrouver les flammes de l'enfer. Ailleurs, le coupable sera rappelé à l'ordre et en sera
réduit, bon gré mal gré, à s'incliner devant la
volonté générale. C'est le sort d'Arnolphe, d'Orgon
et d'Harpagon malmenés, sacrifiés à l'issue du procès comique à la seule règle du jeu. Tant pis s'ils
en sortent meurtris, la joie est sans pitié !

Dès lors il est aisé de comprendre les divers
niveaux de signification du théâtre de Molière qui
oscille naturellement du rire insouciant à la grimace tragique : participeront aux réjouissances
carnavalesques les lecteurs qui adoptent le point
de vue du groupe, s'en exclurront ceux que gênera
le sort de l'aliéné, qu'il fût George Dandin, Arnolphe, Harpagon ou Alceste.

La comédie carnavalesque de Molière, dans sa

convention de genre, semble applaudir absurde-
ment aux vertus institutionnelles qu'elle est cen-
sée rejeter. Pour Bakhtine, le carnaval est une
seconde vie du peuple qui se secoue le temps de
la fête, de ses chaînes morales, religieuses et poli-
tiques. Mais n'est-ce pas au prix de s'imposer de
nouvelles chaînes amorales et ludiques qui ne man-
quent pas de cruauté pour qui enfreint les règles ?
N'est-ce pas cela que le théâtre de Molière laisse
entendre ? Et qu'importe que l'auteur se soit alternativement solidarisé avec le groupe ou se soit dis-
simulé derrière les « fols » en jetant les uns contre
les autres les blondins avides de bonheur et les
rabat-joie revêches.

Un siècle plus tard, Marivaux tranchera l'équivoque en montrant la cruauté du dénouement heureux de la comédie. Du temps de Molière, Horace
et Agnès avaient pour se justifier les méfaits
d'Arnolphe. Dans *Les serments indiscrets* de Marivaux, Damis et Lucile sacrifieront une jeune sœur,
grâce à laquelle ils se sont retrouvés, sans ciller,
sans un serrement de cœur. Musset ira plus loin
encore en faisant basculer la comédie d'*On ne
badine pas avec l'amour* dans le tragique de la
mort de Rosette.

Pour ses contemporains, les comédies de
Molière s'emboîtaient naturellement dans l'univers
structuré du classicisme français. Nous nous ren-
dons compte aujourd'hui que l'œuvre non seulement transcendait son siècle, mais qu'elle n'a peut-
être pas encore livré tous ses secrets.

# *RÉFÉRENCES*

ADAM(A), *Histoire de la Littérature française au XVIIᵉ siècle*, Domat 1956, vol. III, ch. 14.

ARNAVON (J), *Notes sur l'interprétation de Molière*, Plon 1923.

BAKHTINE (M), *L'œuvre de François Rabelais*, traduit du russe par Andrée Robel. Gallimard 1970. Bibliothèque des idées.

BAYLE (P), *Dictionnaire historique et critique*, article « Poquelin », R. Leers, 4 vol. 1697, apud J.P. Collinet (75).

BÉNICHOU (P), *Les morales du grand siècle*, Gallimard 1948. N r f. Coll. idées.

BRAY (R), *Molière, homme de théâtre*, Mercure de France 1954.

CAMUS (A), *Le Mythe de Sisyphe*, Gallimard 1942.

CHATEAUBRIAND, « Shakespeare ou Shakespeare », *O.C.*, tome VIII, apud J.P. Collinet (133).

COLLINET (J.-P.), *Lectures de Molière*, Armand Colin 1974, Coll. U 2.

DONNEAU DE VISÉ (J), *O.C.*, apud J.P. Collinet (41, 42).

DORT (B), *Théâtre Public*, Le Seuil 1967.

DOUBROVSKI (S), *Corneille et la dialectique du héros*, Gallimard 1963, Coll. Tel.

FAGUET (E), *Rousseau contre Molière*, Société Française d'Imprimerie et de Librairie, s. d.

FAGUET (E), *En lisant Molière*, Paris 1914.

FENELON, *Lettre à l'Académie Française*, 1716, VII, « Projet d'un traité sur la comédie », Genève, Droz 1970, (100-106).

FRYE (N), *Anatomie de la critique*. Traduit de l'anglais par G. Durand. Bibliothèque des Sciences Humaines 1969 (1ᵉ édition : Princeton Univ. Press 1957).

GARAPON (R), *Le dernier Molière*, SEDES 1977.

GUICHARNAUD (J), *Molière, une aventure théâtrale*, Gallimard 1964.

GOUHIER (H), *Théâtre et existence*, Bibliothèque philosophique J. Vrin, 1973.

GUTWIRTH (M), *Molière ou l'invention comique*, Minard 1966. Lettres modernes « Situation n° 9 ».

MAURON (Ch), *Psychocritique du genre comique*, Corti 1944.

MOORE (W.-G.), *Molière, a new criticism*, Oxford, Clarendon Press 1969, (First edition 1949).

NELSON (R.-J.), *Play within a play*. « Molière, the play as mask », New Haven and London, Yale Univ. Press 1958.

ROUSSEAU (J.-J.), *Lettre à D'Alembert sur les spectacles*, Garnier 1926.

SARTRE (J.-P.), *Un théâtre de situations*, Textes choisis et présentés par M. Contat et M. Rybalka, Gallimard 1973. Coll. idées.

# TABLE DES MATIÈRES

Photocomposé en Century de 10
et achevé d'imprimer en Février 1987
par l'Imprimerie de la Manutention à Mayenne
N° 9815

# APPENDICE :

*Les Précieuses Ridicules*
dans une mise en scène carnavalesque

*Les Précieuses Ridicules*

de Molière

A l'Alliance Française de Jérusalem

Mise en scène Thérèse Malachy

| Distribution | Patrick Bourrat ..... | La Grange |
|---|---|---|
| | Jean-Michel Delacomptée ............... | Gorgibus |
| | Dominique Delacomptée ............... | Marotte |
| | Robert Horn ........ | porteur |
| | Danièle Kriegel ..... | Cathos |
| | Jean-Pierre Langellier | Mascarille |
| | Catherine Le Mounier | Magdelon |
| | Alain Navarro ...... | Du Croisy |
| | Patrick Zahnd ....... | Jodelet |

GORGIBUS. — *Eh bien ! vous avez vu ma nièce et ma fille : les affaires iront-elles bien ? quel est le résultat de cette visite ?*

(scène II)

GORGIBUS. — *Il est bien nécessaire, vraiment, de faire tant de dépense pour vous graisser le museau. Dites-moi un peu ce que vous avez fait à ces Messieurs, que je les vois sortir avec tant de froideur ? Vous n'ais-je pas commandé de les recevoir comme des personnes que je voulais vous donner pour maris ?*

MAGDELON. — *Et quelle estime mon père, voulez-vous que nous fassions du procédé irrégulier de ces gens-là ?*

CATHOS. — *Le moyen, mon oncle qu'une fille un peu raisonnable se pût accommoder de leur personne ?*

(scène IV)

PORTEUR. — *Je dis, Monsieur, que vous nous donniez de l'argent s'il vous plaît.*

(scène VII)

MAROTTE. — *Monsieur, voilà mes maîtresses qui vont venir tout à l'heure.*

MASCARILLE. — *Qu'elles ne se pressent point ; je suis ici posté commodément pour attendre.*

(scène VIII)

MASCARILLE. — *Mesdames, vous serez surprises, sans doute, de l'audace de ma visite ; mais votre réputation vous attire cette méchante affaire, et le mérite a pour moi des charmes si puissants que je cours partout après lui.*

MAGDELON. — *Si vous poursuivez le mérite, ce n'est pas sur nos terres que vous devez chasser.*

CATHOS. — *Pour voir chez nous le mérite, il a fallu que vous l'y ayez amené.*

(scène IX)

MASCARILLE. — *Avez-vous remarqué ce commencement ? Oh ! Oh ! Comme un homme qui s'avise tout d'un coup :* oh ! oh ! *La surprise :* oh ! oh !

MAGDELON. — *Oui, je trouve ce* oh ! oh ! *admirable.*

(scène IX)

MASCARILLE. — *Attachez un peu sur ces gants la réflexion de votre odorat.*

MAGDELON. — *Ils sentent terriblement bon.*

CATHOS. — *Je n'ai jamais respiré une odeur mieux conditionnée.*

(scène IX)

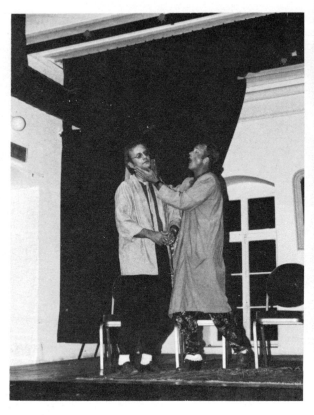

MASCARILLE. — *Ne vous étonnez pas, Mesdames, de voir
le Vicomte de la sorte : il ne fait que sortir d'une
maladie qui lui a rendu le visage pâle comme vous
le voyez.*

(scène XI)

DU CROISY. — *Comment ! Mesdames, nous endurerons que nos laquais soient mieux reçus que nous ? qu'ils viennent vous faire l'amour à nos dépens et vous donnent le bal ?*

MAGDELON. — *Vos laquais ?*

LA GRANGE. — *Mais ils n'auront pas l'avantage de se servir de nos habits pour vous donner dans la vue ; et, si vous les voulez aimer, ce sera, ma foi, pour leurs beaux yeux. Vite, qu'on les dépouille sur-le-champ.*

(scène XV)

MASCARILLE. — *Traiter comme cela un marquis !*
*Voilà ce que c'est du monde : la moindre disgrâce*
*nous fait mépriser de ceux qui nous chérissaient.*
*Allons, camarade, allons chercher fortune autre*
*part...*

(scène XVI)